COMITÉ SECTORIEL
DE MAIN-D'ŒUVRE
DE L'ENVIRONNEMENT

Le Comité sectoriel de main-d'œuvre
de l'environnement vous invite à
découvrir des métiers d'avenir et
des emplois valorisants.

Le CSMOE vous offre sur son site :
- la connaissance des milieux d'emplois
- les métiers et les formations
- des hyperliens très utiles
  (bourses d'études, etc.)
- Placement en ligne
  (secteur de l'environnement)

Cette activité a été réalisée grâce
au soutien financier d'Emploi-Québec

Emploi
Québec

50 carrières de l'environnement
Table des matières

🌀 LES DOSSIERS

Encore bien jeune, le secteur de l'environnement est toujours en évolution. Les candidats qui souhaitent y travailler doivent ouvrir l'œil pour repérer le poste idéal... et l'obtenir!

Découvrez les principaux milieux d'emploi en environnement : les fournisseurs de solutions et de services environnementaux, le secteur industriel, le secteur public, ainsi que les organismes sans but lucratif et les organisations non gouvernementales.

Plus les préoccupations environnementales prennent de l'importance, plus l'avenir est prometteur pour les diplômés des trois ordres d'enseignement. Tour d'horizon des formations pertinentes et de leurs débouchés.

 PISTES D'EXPLORATION

Seriez-vous à votre place dans le domaine de la conservation de l'intégrité écologique?
À moins que la gestion des risques ou encore le créneau aménagement et cadre de vie
vous passionnent davantage? Répondez au questionnaire pour amorcer votre réflexion.

DES PROFESSIONS ET DES TÉMOIGNAGES

Des professionnels de l'environnement dévoilent leurs tâches, leur motivation et leur cheminement,
en plus de donner des conseils précieux pour leurs futurs collègues.

CHERCHEZ ET TROUVEZ

PÊLE-MÊLE

l'environnement

préoccupation de l'heure
occupation de l'avenir

L'environnement vous intéresse ?

Faites-en une carrière !

Formation de 2e et 3e cycle en environnement
Bourses et aide financière disponibles
Clientèle multidisciplinaire

Maîtrise en environnement
dans une perspective de développement durable
Cheminement de type cours (avec stage)
Cheminement de type recherche, régulier ou en partenariat
Possibilité de suivre des cours à l'étranger
Durée habituelle de 5 sessions

Doctorat
Plusieurs cheminements interdisciplinaires possibles
Possibilité de cotutelle avec certaines universités françaises

Une approche gagnante
Approche par compétences dans
un contexte réel de pratique professionnelle
Apprentissage en équipes multidisciplinaires
Taux de placement exceptionnel

Une expertise solide
En collaboration avec 8 facultés
Formation donnée par des spécialistes
du milieu et adaptée aux besoins du marché
Plus de 200 chercheuses et chercheurs regroupés au sein de
l'Observatoire de l'environnement et du développement durable

Programmes offerts à temps partiel à Longueuil,
Québec, Saguenay, Gatineau et Sainte-Thérèse

Pour acquérir les outils de gestion, de diagnostic,
de prévention et de résolution des problèmes environnementaux

Vérification environnementale
Gestion des risques : sécurité civile et environnement
Gestion intégrée de l'eau

Formation en environnement adaptée aux besoins
des gestionnaires de tous les milieux
Horaire flexible et diversité des lieux de formation
Attestation de réussite avec Unités d'Éducation Continue (U.E.C.)
Possibilité de groupes privés

Gestion des risques pour ingénieurs et autres spécialistes
Application du développement durable dans les organisations
ISO 14 001 : 2004
Vérification environnementale
Évaluation environnementale de sites
Technologies d'assainissement des eaux usées et traitement de l'eau potable
Droit de l'environnement

D'autres thèmes vous intéressent ? Contactez-nous !

 UNIVERSITÉ DE
SHERBROOKE

Centre universitaire de formation en environnement
(819) 821-7933   1 866 821-7933 (sans frais)
www.USherbrooke.ca/environnement   environnement@USherbrooke.ca

Des professions et des témoignages

Index par catégories et par niveaux de formation

❯ Conservation de l'intégrité écologique

Formation professionnelle

Formation collégiale

Formation universitaire

❯ Prévention de la pollution et gestion des risques

Formation professionnelle

Formation collégiale

Formation universitaire

❯ Aménagement et cadre de vie

Formation collégiale

Formation universitaire

❯ Environnement et société

Formation collégiale

Formation universitaire

Prenez position pour votre avenir.

Pionnière en sciences de l'environnement, l'UQAM recherche des solutions concrètes et interdisciplinaires aux problèmes environnementaux.

Ouverte aux grands enjeux mondiaux, la formation est conçue à l'échelle de vos attentes :

- ↳ Reconnaissance internationale grâce au rayonnement des travaux de plusieurs équipes de recherche de l'Institut des sciences de l'environnement;

- ↳ Encadrement attentif et nombreux travaux pratiques sur le terrain;

- ↳ Laboratoires de pointe dans le nouveau Complexe des sciences UQAM-Pierre-Dansereau;

- ↳ Soutien financier, bourses et emplois sur le campus.

Consultez la liste de nos programmes en biologie, géologie et sciences de l'environnement.

uqam.ca/futursetudiants

UQÀM
Prenez position

 50 carrières de l'environnement

Comment interpréter l'information

L'équipe des Éditions Jobboom est fière de présenter ce guide d'exploration des carrières en environnement au Québec. Il s'ajoute à notre collection d'ouvrages pratiques, fort populaires auprès des jeunes qui traversent les méandres de la formation, des carrières et de l'emploi.

Cette publication a été rendue possible en grande partie grâce au soutien, à l'expertise et aux conseils du Comité sectoriel de main-d'œuvre de l'environnement (CSMOE). Nous tenons à remercier toute l'équipe que cet organisme a mobilisée pour jouer ce rôle de premier plan, que ce soit dans le choix des profils d'emploi, l'aide à la recherche ou la validation des textes.

Il nous faut également saluer la précieuse collaboration de nombreux acteurs : les travailleurs de l'environnement qui ont accepté de décrire leur quotidien, leurs employeurs, les responsables de programmes ou de services de placement dans les centres de formation professionnelle, les cégeps et les universités, ainsi que les personnes-ressources dans plusieurs associations et ordres professionnels. Leurs témoignages nous ont permis de constituer cet aperçu très concret du marché du travail en environnement.

> ATTENTION : Le contenu de ce guide n'entend pas couvrir TOUTES les professions du domaine de l'environnement, celles-ci étant fort nombreuses et diversifiées. L'ouvrage vise plutôt à illustrer les types d'emplois les plus représentatifs du secteur et à fournir quelques pistes sur les cheminements scolaires et professionnels qui permettent d'y accéder.

50 carrières de l'environnement se veut d'abord un outil d'exploration des possibilités de carrière dans ce secteur d'activité émergent. Nous espérons par ailleurs qu'il agira comme un catalyseur pour ceux que le domaine intéresse.

DÉMARCHE DE RECHERCHE ET DE RÉDACTION

Au printemps 2005, le CSMOE a sélectionné 50 types d'emplois pour les besoins de ce guide. Avec le souci d'offrir un portrait fidèle de l'activité des travailleurs québécois de l'environnement, le choix s'est fait de manière à représenter les aspects suivants :

Les grands thèmes environnementaux
- Eau
- Sol
- Air
- Gestion environnementale
- Matières résiduelles

Les principaux champs d'activité
- Conservation de l'intégrité écologique
- Aménagement et cadre de vie
- Prévention de la pollution et gestion des risques
- Environnement et société

Les milieux de travail
- Industrie de l'environnement
- Secteur public (gouvernements fédéral et provincial, municipalités, institutions)
- Autres industries
- Organismes sans but lucratif et organisations non gouvernementales

Les ordres d'enseignement
- Secondaire
- Collégial
- Universitaire

L'équipe des Éditions Jobboom a ensuite fait appel aux services de placement dans les centres de formation professionnelle, les cégeps et les universités, de même qu'à plusieurs associations, ordres professionnels, entreprises et organismes pour obtenir des coordonnées de travailleurs correspondant à chacun des profils. Dans la mesure du possible, les professionnels qui cumulent entre trois et cinq ans d'expérience ont été privilégiés.

Le CSMOE a ensuite validé toutes les références fournies, selon les critères suivants : diversité des milieux de travail représentés; ratio équilibré d'hommes et de femmes; représentativité des diverses régions du Québec et prédominance des activités à caractère environnemental dans le profil d'emploi.

☉ À PROPOS DE L'INFORMATION CONTENUE DANS LES TÉMOIGNAGES

Ces brefs portraits permettent au lecteur de se familiariser avec le rôle des professionnels de l'environnement, de découvrir leurs motivations à exercer dans ce domaine et les principales étapes de leur cheminement scolaire et professionnel.

Le contenu de chaque portrait reflète l'opinion et l'expérience du professionnel interviewé et ne représente pas nécessairement toutes les facettes d'une même profession. En ce sens, la rubrique «Des milieux de travail potentiels» démontre qu'il est possible d'œuvrer dans d'autres contextes que celui illustré.

De même, la rubrique «Exemples de formations pertinentes» offre un aperçu des cheminements scolaires pouvant mener à un poste similaire. Vu le caractère émergent des professions de l'environnement, il est important de noter que les programmes d'études mentionnés dans cette rubrique le sont à titre indicatif seulement et qu'ils ne constituent pas forcément une liste exhaustive. On comprendra donc que les tâches et les responsabilités des professionnels peuvent varier selon leur parcours et leur milieu de travail.

Répertoire des principaux programmes d'études (page 104)

Cette section regroupe les principales formations liées à l'environnement offertes aux ordres d'enseignement professionnel, collégial et universitaire au Québec et pouvant mener aux professions présentées dans ce guide. L'information était à jour en juin 2005, mais l'offre des programmes peut avoir été modifiée depuis. Le lecteur intéressé par un programme d'études en particulier est donc invité à communiquer avec le ou les établissements correspondants pour s'assurer qu'il est toujours offert.

Répertoire des principaux organismes et ressources professionnelles (page 108)

Cette liste fournit des pistes utiles aux lecteurs qui souhaitent pousser plus loin leur exploration des carrières en environnement. Notez que nous avons cherché à répertorier les instances québécoises et que nous n'avons pas systématiquement inclus les entités régionales ou canadiennes. L'information était à jour en juin 2005. 06/05

Bonne lecture!

L'équipe des Éditions Jobboom

LES
DOSSIERS

UN IDÉAL PREND RACINE

Les changements climatiques, la gestion de l'eau, le développement durable... Autant de préoccupations qui peuvent créer des ouvertures pour les candidats à une carrière en environnement. Mais trouver sa place dans ce domaine en pleine évolution exige parfois de l'audace.

DES BRANCHES À EXPLORER

Tandis que certaines entreprises, institutions et organisations doivent minimiser l'impact de leurs activités sur l'environnement, d'autres leur fournissent des solutions pour y arriver. Le secteur public fait aussi sa part en matière de développement durable, sans parler des organismes qui militent pour la protection de la nature. Bref, le «courant vert» traverse bien des milieux de travail!

ÉCLOSION DE NOUVEAUX EMPLOIS

Selon les responsables du placement de plusieurs établissements d'enseignement québécois, les occasions d'emploi se multiplient dans le domaine environnemental.

Pages **16** à **29** (→)

UN IDÉAL PREND RACINE

Par Marie-Hélène Proulx

Sauver la planète... voilà une noble cause que partagent ceux qui se destinent à une carrière en environnement. Mais comment et où? Si les besoins vont en croissant, les candidats doivent trouver leur place dans un marché de l'emploi encore tout vert.

Son rêve était de parcourir la savane africaine en jeep pour observer les hyènes et les guépards. Voir ce que personne ne voit, loin de la civilisation. Aujourd'hui, Jean-François Dufour se réalise sous une tout autre latitude! Depuis deux ans, ce jeune diplômé en zoologie de l'Université McGill travaille dans les Territoires du Nord-Ouest comme technicien de la faune pour Environnement Canada. «Je survole la mer de Beaufort en hélicoptère pour faire l'inventaire des populations d'oiseaux

> «Le milieu se développe au fur et à mesure que la conscience environnementale grandit dans les populations et que les gouvernements imposent des normes aux industries et aux municipalités. Cela se répercute sur l'emploi.»
>
> — Robert Ouellet, CSMOE

aquatiques migrateurs, je pose des bagues et des colliers aux oies sur l'île de Banks et je parcours les abords de Yellowknife en canot et en camion pour observer la faune. C'est un boulot peu banal qui me permet d'assouvir ma passion pour les animaux», explique-t-il.

Bien sûr, les carrières de l'environnement ne ressemblent pas toutes à celle de Jean-François. Mais la plupart partent d'une vocation envers la nature et la qualité de vie, vocation que l'on peut très bien concrétiser, par exemple, en travaillant pour une municipalité, un laboratoire, une firme de services-conseils spécialisés ou même dans de grandes industries comme la pétrochimie ou les pâtes et papiers.

Prise de conscience

«Le secteur de l'environnement est en pleine émergence depuis la fin des années 1980», souligne Robert Ouellet, directeur général du Comité sectoriel de main-d'œuvre en environnement (CSMOE), l'organisme qui, au Québec, fait le pont entre les besoins des employeurs et les programmes de formation et d'adaptation de la main-d'œuvre en environnement. «Le milieu se développe au fur et à mesure que la conscience environnementale grandit dans les populations et que les gouvernements imposent des normes aux industries et aux municipalités, poursuit M. Ouellet. Cela se répercute sur l'emploi, car il faut des travailleurs pour prendre en charge la mission environnementale dans les organisations. Or, des engagements ont été pris au cours des dernières années, ce qui a consolidé les projets et les emplois associés à l'environnement.»

Au cours des prochaines années, on s'attend à ce que l'environnement génère des possibilités de carrière de façon plus soutenue que par le passé. «La signature du **protocole de Kyoto** a un impact important sur le travail, notamment en ce qui a trait à la qualité de l'air et au calcul de CO_2 [un **gaz à effet de serre**]», avance Michel Montpetit, directeur du Centre de formation universitaire en environnement de l'Université de Sherbrooke. Selon lui, la **Politique nationale de l'eau** du Québec générera aussi une demande de spécialistes en ce qui concerne la **gestion par bassin versant**. Enfin, le **Plan de développement durable du Québec** propose une gestion qui intègre le développement économique, le développement social et l'amélioration de l'environnement.

Manque de repères

La définition du marché de l'emploi en environnement se précise graduellement au fil des ans. Pour le moment, cela a pour effet de rendre sa compréhension un peu plus difficile que celle d'autres secteurs plus traditionnels et très structurés, comme l'aérospatiale ou la santé. Ainsi, il arrive que des métiers portant des titres différents aient à peu près la même description de tâches. C'est le cas, par exemple, des inspecteurs des mesures antipollution, des technologues en protection de l'environnement et des techniciens en assainissement et sécurité industriels[1]. ▶

Les termes en gras sont définis dans le glossaire (page 100 à 102).

Quelques chiffres...

- Environ 251 000 personnes travaillent en environnement au Canada, dont plus de 32 000 au Québec[1].

- L'effectif canadien a connu une croissance de 13,7 % entre 2000 et 2004[2].

- En 2004, près de 60 programmes d'études directement liés à l'environnement étaient offerts dans le réseau québécois de l'éducation, soit 2 au secondaire, 9 au collégial et 46 à l'université[3].

Sources :
1. et 2. Conseil canadien des ressources humaines de l'industrie de l'environnement (Eco Canada), *Rapport sur le marché du travail environnemental de 2004*, 2004.
3. CSMOE, *Programmes de formation relatifs à l'environnement au Québec*, 2004.

Photos : Comité sectoriel de main-d'œuvre de l'environnement

▶ «On évolue vers de nouveaux profils de postes de plus en plus précis, incluant de nouvelles compétences, explique Robert Ouellet. En ce moment, il faut faire le tri, délimiter et nommer les emplois. Mais progressivement, les repères se précisent.»

Aussi, on constate parfois une certaine confusion dans les organisations, qui embauchent depuis peu des spécialistes en environnement. «Ce n'est pas toujours évident pour les sortants, parce qu'ils n'arrivent pas sur le marché du travail avec une carrière clairement balisée, remarque Marc Lucotte, directeur de l'Institut des sciences de l'environnement à l'Université du Québec à Montréal (UQAM). Les dirigeants d'entreprise ne comprennent pas toujours ce que fait un spécialiste de l'environnement. Le postulant doit carrément créer son poste et expliquer à la direction ce qu'il est en mesure d'apporter, par exemple, une expertise qui permet à l'entreprise de se conformer aux lois et règlements environnementaux sans compromettre sa santé financière. Le diplômé doit donc savoir composer avec une certaine dose d'inconnu et être très déterminé, convaincu. D'ailleurs, les candidats aux carrières en environnement sont souvent comme des créateurs, des artistes portés par leur cause.»

Autre qualité fondamentale des travailleurs de l'environnement à l'ère du développement durable : comprendre la multidisciplinarité de leur secteur.

CO₂ Solution
De téméraire à visionnaire

Il fallait avoir à cœur l'environnement pour se lancer dans pareille aventure : construire un gros poumon artificiel capable de capter et de transformer les tonnes de CO₂ émises par les industries en une substance inoffensive et recyclable, le bicarbonate. Une belle idée en théorie... Mais en pratique? «C'était une entreprise risquée, et ce l'est toujours, admet le président de CO₂ Solution, Ghislain Théberge. Mais on a entre les mains une solution potentielle pour régler, du moins en partie, les problèmes générés par le réchauffement de la planète, comme les phénomènes climatiques extrêmes.»

Ce projet un peu fou est né en 1995, alors qu'une équipe de chercheurs de l'Université Laval s'intéressait à l'enzyme qui convertit le gaz carbonique en bicarbonate dans notre organisme. À force de conviction, les membres de CO₂ Solution ont réussi à amasser 11 millions de dollars en investissements, en plus de rallier à leur cause 28 techniciens, ingénieurs, chimistes et biologistes. Ensemble, ils ont réussi à construire un prototype du «poumon» artificiel, qui a été testé avec succès dans l'incinérateur à déchets de la ville de Québec. Autre tour de force : la compagnie est maintenant cotée en Bourse, même si elle n'est pas encore rentable.

La prochaine étape sera l'implantation de la technologie dans les industries. «Si ça fonctionne, CO₂ Solution sera très rentable, estime Ghislain Théberge, car le protocole de Kyoto, entré en vigueur en février 2005, oblige les entreprises à réduire de 5,2 % [par rapport au niveau de 1990] leurs émissions de gaz à effet de serre entre 2008 et 2012.»

«La définition du mot "environnement" s'est élargie depuis quelques années; ce n'est plus une seule affaire de sciences, affirme Michel Montpetit. Elle englobe aussi le droit, l'administration, les communications, la psychologie, la géographie, l'économie... Maintenant, quand on fait une analyse environnementale, on tient compte de plusieurs paramètres — la préservation des milieux naturels, mais aussi la qualité de vie des gens, l'économie.»

> «Nos étudiants ont de belles valeurs sociales. Ce sont des gens très positifs. Des idéalistes, oui, mais pragmatiques!»
> — Michel Montpetit, Centre de formation universitaire en environnement de l'Université de Sherbrooke

«Les travailleurs de l'environnement sont appelés à faire beaucoup de travail d'équipe. Ça demande de la souplesse et de l'ouverture, appuie Marielle Gingras, responsable du secteur de formation Environnement et aménagement du territoire au ministère de l'Éducation, du Loisir et du Sport. D'où l'importance de connaître le langage des autres professionnels avec qui on travaille et de ne pas se concentrer sur sa seule technique.»

Croire en la cause

De l'avis de tous les observateurs consultés, ce qui caractérise le mieux le travailleur de l'environnement, c'est son désir sincère d'améliorer le sort de la planète. «Nos étudiants ont de belles valeurs sociales, remarque Michel Montpetit. Ce sont des gens très positifs. Des idéalistes, oui, mais pragmatiques! On peut croire en une cause tout en étant conscient qu'on ne bouleversera pas les mentalités du jour au lendemain.»

Une vision qui correspond tout à fait à celle de Marie-Andrée Leduc, 26 ans, qui travaille comme technicienne agricole pour le gouvernement du Québec. «J'ai le désir de changer les choses, certes, mais je conserve une vision réaliste de la contribution que je peux faire. Quand je visite les agriculteurs pour les sensibiliser aux règlements sur les exploitations agricoles, je ne fais qu'un petit pas, mais en bout de ligne, il vaudra beaucoup. C'est un travail progressif que j'exerce de manière non coercitive, en prenant le temps d'expliquer. Je dois garder à l'esprit les réalités économiques du producteur et la protection de l'environnement. Faire du développement durable, quoi.» ◎ 05/05

1. Comité sectoriel de main-d'œuvre de l'environnement et ministère de l'Éducation du Québec, *Étude préliminaire à la mise en place d'une veille sur l'emploi et la formation en environnement au Québec*, mars 2004, p. 25.

DES BRANCHES À EXPLORER

Par Stéphane Gagné

Faire carrière en environnement, c'est appliquer ses convictions au quotidien. Mais ce quotidien diffère selon que l'on travaille dans le secteur public, dans le milieu industriel, pour un organisme ou pour un fournisseur de services environnementaux. Survol des milieux d'emploi les plus courants.

Les spécialistes

La pollution des uns est une source de motivation et d'innovation pour les autres. En effet, plusieurs firmes offrent un savoir-faire spécialisé en environnement, qu'il s'agisse d'analyses en laboratoire, de conseils juridiques ou d'interventions sur le terrain. Ces entreprises, qui forment l'**industrie de l'environnement** proprement dite, regroupent 40 % des 251 000 travailleurs environnementaux au Canada[1]. Au Québec, ce segment d'emploi représente 20 000 travailleurs, d'après les estimations du Comité sectoriel de main-d'œuvre de l'environnement.

Photo : Comité sectoriel de main-d'œuvre de l'environnement

La multinationale Golder Associés, qui emploie 1 700 personnes au pays, dont 120 à Montréal et 15 à Val-d'Or, correspond à ce secteur. Golder offre des services de décontamination clé en main : caractérisation (évaluation des effets adverses des substances contaminantes), forage (afin de prélever des échantillons de sols), décontamination, analyse des données et production de rapports pour les clients. «Pour mener à bien ces activités, nous employons des ingénieurs civils, agricoles et chimiques, des géologues, des biologistes et des techniciens qui travaillent sur le terrain», affirme Pierre Groleau, gérant de Groupe géoscience de Golder.

> Plusieurs grandes entreprises, notamment dans le domaine des pâtes et papiers, de l'exploitation forestière, de la pétrochimie et des mines, sont tenues de respecter des lois et des règlements en matière d'environnement.

Autre exemple, Premier Tech environnement, de Rivière-du-Loup, emploie 120 personnes au Québec. Il s'agit de techniciens en assainissement des eaux, d'ingénieurs mécaniciens ou industriels, de designers industriels et de chargés de projet. «Avec la tourbe comme matière première, nous concevons, fabriquons, installons et entretenons des systèmes de traitement d'eaux usées pour l'industrie, le commerce, les municipalités ou les particuliers», explique François Deschênes, conseiller en développement organisationnel.

Les responsables

Plusieurs grandes entreprises, notamment dans le domaine des pâtes et papiers, de l'exploitation forestière, de la pétrochimie et des mines, sont tenues de respecter des lois et des règlements en matière d'environnement. Elles ont donc développé, à l'interne, leur propre service environnemental. Ces «**autres industries**» occupent ainsi le deuxième rang national des employeurs en environnement, avec 26 % de l'effectif[2].

Tembec, qui gère des scieries, des papeteries et des centaines de milliers d'hectares de forêts au Québec, entre dans cette catégorie. Selon Jacques Rocray, vice-président Environnement et technologies, l'entreprise emploie notamment des géologues, des biologistes et des ingénieurs forestiers pour atteindre ses objectifs environnementaux. Ils réalisent des études (par exemple, sur l'utilisation des copeaux de bois comme source d'énergie) et appliquent des ▶

▶ programmes environnementaux maison. L'un d'eux, appelé Impact Zéro, vise à réduire au minimum l'incidence des activités manufacturières de Tembec en ce qui a trait aux émissions de gaz à effet de serre, au bruit et à la consommation d'énergie, notamment.

En plein quartier industriel, dans l'est de Montréal, l'entreprise de pétrochimie Coastal a aussi le souci de minimiser l'impact environnemental de ses activités de production de paraxylène, une matière qui sert entre autres à fabriquer des bouteilles de plastique. Cette préoccupation repose principalement sur Jean-Paul Glinel, responsable de l'environnement. «Je suis le gardien des valeurs environnementales de l'entreprise et j'ai un rôle de formation et de sensibilisation auprès du personnel», dit-il. Sa fonction englobe aussi la prévention des accidents environnementaux. Par exemple, c'est lui qui rapporte tous les événements potentiellement nocifs dans l'usine, comme les fuites de produits toxiques.

Les réglementaires

Vingt-deux pour cent des travailleurs canadiens de l'environnement sont répartis dans le **secteur public**, soit les municipalités, les ministères, les établissements de santé et le milieu de l'éducation[3].

Chantale Jacob, elle, travaille à l'Hôpital Sainte-Justine, à Montréal. Conseillère en qualité de l'environnement, elle est seule pour sensibiliser les 4 000 employés de l'institution. Elle a cependant l'appui de la direction, qui a adopté une politique environnementale. Ses principales tâches concernent la formation du personnel et l'application des lois et des règlements relatifs à l'environnement, par exemple en ce qui a trait aux déchets dangereux. Son principal défi est de développer des réflexes environnementaux, tels que le recyclage du papier, auprès d'un personnel qui souvent manque de temps ou d'intérêt.

«Nous propageons des valeurs d'amélioration de la qualité de vie des citoyens. À l'échelle du Québec et même du Canada, nous intervenons dans plusieurs dossiers : biodiversité; agriculture; aires protégées; énergie, transport et changements climatiques; ainsi que gestion de l'eau et de la forêt.»

– Jean-Éric Turcotte, UQCN

La réalité de Guy Labbé, directeur du Service de l'environnement, des réseaux et de la voirie de la Ville de Sherbrooke, est tout autre. Ses responsabilités englobent le traitement de l'eau, l'entretien des parcs, la gestion des matières résiduelles et l'entretien de la voirie, sur un territoire de 200 kilomètres carrés. Sa préoccupation : offrir le meilleur service aux citoyens au meilleur coût. Au nombre de 275 (plus une centaine en été), les employés du service sont des techniciens en eaux usées, en horticulture ou encore en gestion des déchets, et des professionnels, comme des ingénieurs en environnement. Entre autres tâches, ces derniers doivent préparer le plan de gestion des matières résiduelles, exigé par Québec.

Les militants

Les **organisations non gouvernementales (ONG)** et les **organismes sans but lucratif (OSBL)** (13 % de la main-d'œuvre environnementale[4]) sont sans doute ceux qui ont le plus contribué à la sensibilisation du public et des décideurs à l'environnement.

Ainsi, depuis 25 ans, l'Union québécoise pour la conservation de la Nature (UQCN) veille à l'application, par les gouvernements, des principes de développement durable. «Nous propageons des valeurs d'amélioration de la qualité de vie des citoyens, affirme Jean-Éric Turcotte, directeur de l'UQCN. À l'échelle du Québec et même du Canada, nous intervenons dans plusieurs dossiers : biodiversité; agriculture; aires protégées; énergie, transport et changements climatiques; ainsi que gestion de l'eau et de la forêt.»

Comme plusieurs ONG environnementales, l'UQCN souffre d'un manque de financement. «La disparition de programmes gouvernementaux tels qu'Action-environnement a nui à la viabilité des groupes, affirme Jean-Éric Turcotte. L'organisation compte donc sur le bénévolat et d'autres sources de financement comme les fondations.» En plus de 12 employés, dont la moitié sont des chargés de projet spécialisés dans divers domaines comme la biologie, le génie forestier et la géomorphologie, l'UQCN compte 3 stagiaires et plusieurs dizaines de bénévoles.

L'Association québécoise de promotion de l'éducation relative à l'environnement (AQPERE) est, pour sa part, active depuis 15 ans. «L'AQPERE joue un rôle de rassembleur auprès de groupes et d'individus qui travaillent en éducation relative à l'environnement», affirme Robert Litzler, président. L'organisme compte trois employés, un coordonnateur et deux chargés de projet, qui ont appris leur métier sur le tas. Bien que petite, cette équipe très engagée a réalisé de grandes choses au cours de son existence : colloques régionaux et nationaux, de même qu'un forum international. ◎ 05/05

1., 2., 3. et 4. Conseil canadien des ressources humaines de l'industrie de l'environnement (Eco Canada),
   Rapport sur le marché du travail environnemental de 2004, 2004.

ÉCLOSION
DE NOUVEAUX
EMPLOIS

Par Séverine Galus

Dans de nombreux établissements d'enseignement québécois, on affiche le même constat : de plus en plus d'employeurs offrent aux diplômés des postes à caractère environnemental. Les responsables de certains programmes pertinents nous dressent le portrait du placement.

FORMATION PROFESSIONNELLE

Conduite de procédés de traitement de l'eau (DEP)

Seul établissement québécois à offrir le programme de conduite de procédés de traitement de l'eau, l'École secondaire d'enseignement technique Paul-Gérin-Lajoie, en Montérégie, affiche un taux de placement de 100 % pour une soixantaine de diplômés par année. «Il y a une grande demande dans ce secteur en raison du nouveau règlement sur l'eau potable», précise Suzie Cloutier, directrice adjointe de l'École. Selon ce règlement en vigueur depuis 2001, les exploitants d'installations de captage, de traitement et de distribution d'eau potable sont tenus d'employer des personnes dont la compétence est reconnue soit par un DEP, soit par un certificat émis par Emploi-Québec. «La demande ira en augmentant avec les prises de retraite à venir», ajoute Mme Cloutier.

Protection et exploitation de territoires fauniques (DEP)

Selon la dernière enquête *Relance* du ministère de l'Éducation, du Loisir et du Sport, ce programme offert dans sept établissements affichait un taux de placement de 62,2 % en 2004 (12,2 % des diplômés poursuivaient leurs études). Le placement des 43 diplômés du Centre de formation et d'extension en foresterie de l'est du Québec (Bas-Saint-Laurent) se situait dans la moyenne provinciale, qui a peu fluctué au cours des dernières années. «Les meilleurs sont employés dans les pourvoiries, les réserves fauniques et les ZEC, mentionne Jean-Yves Lachance, conseiller pédagogique. La Société des établissements de plein air du Québec (SEPAQ) a pris de l'expansion et représente actuellement un bon employeur.»

Daniel Lavoie, coordonnateur et enseignant au Centre de formation professionnelle de La Baie (Saguenay–Lac-Saint-Jean) signale pour sa part une demande exceptionnelle pour les diplômés de ce programme. «Nous avons reçu 145 offres pour nos 15 sortants du printemps 2005. Ils sont tous déjà engagés et les offres arrivent encore.» Le directeur du Centre, Jean Blackburn, explique ces résultats notamment par le programme d'alternance travail-études, qui permet aux élèves d'acquérir une formation parfaitement arrimée aux besoins des employeurs. Selon lui, les départs à la retraite à la SEPAQ pourraient susciter encore plus de besoins dans les années à venir.

> Les départs à la retraite à la SEPAQ pourraient susciter encore plus de besoins dans les années à venir.

Quant aux diplômés du Centre de foresterie de Duchesnay (Capitale-Nationale), leur taux de placement se maintient bon an mal an autour de 85 % selon Suzanne Ferland, directrice adjointe.

 FORMATION COLLÉGIALE

Assainissement de l'eau (DEC)

La nouvelle réglementation sur l'eau potable favorise aussi le placement des techniciens en assainissement de l'eau dans les municipalités et les industries. Le Cégep de Saint-Laurent, à Montréal, est le seul à offrir ce programme. Son service de placement a reçu 37 offres d'emploi pendant la période de janvier à juin 2005 pour les 8 diplômés de ce programme. Jean-Claude Rolland, responsable de la coordination, dit n'avoir jamais vu une telle demande. «C'est un programme exigeant, mais les perspectives d'emploi sont fantastiques. Les besoins de nouveaux diplômés devraient se maintenir étant donné qu'il y aura toujours une relève à assurer.»

Techniques de gestion des eaux (AEC)

Ce programme, offert au Cégep de Rivière-du-Loup, offre des débouchés dans les firmes d'ingénierie, les laboratoires privés, les entreprises de fabrication et de vente d'équipement de traitement de l'eau, les municipalités ou chez leurs sous-traitants. «Nos diplômés sont reconnus par le ministère de l'Environnement. Ils sont donc habilités à travailler dans le traitement ▶

Photo : Comité sectoriel de main-d'œuvre de l'environnement

▶ de l'eau potable, indique Lise Chouinard, conseillère en formation. Jusqu'à présent, nous avons eu deux cohortes. Sur les 26 diplômés, 23 travaillent dans le domaine.» Mme Chouinard se dit optimiste quant au placement des cohortes de 2005 et de 2006.

Environnement, hygiène et sécurité au travail (DEC)

Selon les plus récentes statistiques du ministère de l'Éducation, du Loisir et du Sport, 64,3 % des diplômés de ce programme étaient en emploi en mars 2004, alors que 28,6 % avaient choisi de poursuivre leurs études et que 7,1 % étaient en recherche d'emploi.

Au Cégep de Jonquière (Saguenay–Lac-Saint-Jean), Johanne Tremblay, conseillère pédagogique au placement et en alternance travail-études, se dit optimiste quant à l'avenir de ceux qui ont terminé le programme en 2005. «Nous recevons plus d'offres d'emploi qu'il y a de sortants.» La double spécialisation en environnement et en hygiène représente un atout pour les diplômés de ce programme, indique pour sa part Jean-Claude Rolland, du Cégep de Saint-Laurent. «C'est très intéressant pour les employeurs, qui peuvent ainsi avoir accès à des diplômés plus polyvalents. La demande est très forte actuellement.» Les municipalités, les CLSC, les consultants en environnement, les entreprises manufacturières et certains ministères emploient les diplômés comme techniciens en hygiène industrielle, techniciens en hygiène du travail, techniciens de laboratoire ou encore inspecteurs en environnement.

Il est à noter que ce programme est également offert au Cégep de Sorel-Tracy.

Techniques du milieu naturel (DEC)

En 2005, l'option **aménagement et interprétation du patrimoine naturel** du Cégep de Saint-Félicien (Saguenay–Lac-Saint-Jean) comptait seulement huit sortants. Christine Théberge, responsable du Service de placement, explique ce petit nombre par le fait que cette voie est mal connue et qu'elle s'adresse à des gens au profil bien précis : des passionnés de nature qui aiment travailler avec le public. «C'est l'option où l'on a le plus de demandes. Le secteur évolue : désormais, l'offre de services touristiques s'étend sur toute l'année et les emplois sont de moins en moins saisonniers.»

Cet établissement, seul au Québec à offrir un tel DEC, propose également l'option **protection de l'environnement**. «L'endroit où il y a le plus d'offres d'emploi, c'est la grande région de Montréal. Plusieurs de nos élèves travaillent au ministère de l'Environnement, à vérifier l'application des règlements. D'autres travaillent pour la Ville de Montréal, pour des firmes privées en décontamination ou des firmes d'ingénieurs-conseils», indique Mme Théberge.

Technologie de la production horticole et de l'environnement (DEC)

L'Institut de technologie agroalimentaire de La Pocatière (Bas-Saint-Laurent) est un des quatre établissements à offrir ce programme. Le profil **agroenvironnement** y comptait 14 sortants en mai 2004. Huit d'entre eux ont été retracés en 2005, et tous étaient en emploi dans leur domaine. «Il y a eu beaucoup de demandes de la part des clubs agro-environnementaux, qui offrent des services-conseils aux producteurs agricoles, affirme Denise Desrosiers, enseignante. Les diplômés peuvent aussi travailler dans des centres de recherche, des firmes de génie-conseil, au ministère de l'Agriculture ou de l'Environnement.»

Au Cégep Lionel-Groulx (Laurentides), les élèves sont encore peu nombreux à opter pour l'option agroenvironnement. «Selon les années, on reçoit trois ou quatre demandes d'inscription, ce qui est trop peu pour offrir cette option. On a eu jusqu'à présent une seule cohorte de six diplômés en mai 2004», affirme Louis Hudon, agronome et coordonnateur du département Gestion et exploi-tation des entreprises agricoles et Technologie de la production horticole et de l'environnement. «Les municipalités me communiquent des offres directement liées à l'envi-ronnement, mais il y a aussi beaucoup d'offres qui combinent l'horticulture et l'environnement en raison des réglementations sur les pesticides.»

Technique d'inventaire et de recherche biologique (DEC)

Enseigné aux cégeps de Sainte-Foy et de Saint-Laurent, ce programme permet de travailler dans tous les domaines touchant la biologie de l'environnement, que ce soit dans les laboratoires ou sur le terrain. «Nos diplômés peuvent aussi bien trouver de l'emploi comme techniciens de laboratoire que comme techniciens de la faune, précise Chantal Loranger, coordonnatrice du programme au Cégep de Sainte-Foy. Nous avions un taux de placement de 85 % pour les 42 finissants de 2004, et 75 % des emplois qu'ils occupaient étaient liés à l'environnement. Ces taux devraient se maintenir pour 2005.»

D'autres programmes pertinents

Même s'ils ne portent pas spécifiquement sur l'environnement, des programmes de DEC comme *Techniques de génie chimique* et *Techniques de laboratoire (Chimie analytique)* peuvent trouver des applications à caractère environnemental. «Les entreprises qui émettent des contaminants le font par des procédés chimiques», explique Jacques Paradis, ing., coordonnateur alternance travail-études pour ces deux programmes au Cégep de Jonquière. «Les techniciens en génie chimique, notamment, sont en mesure de saisir tout l'impact de ces opérations, de faire l'échantillonnage et les analyses sur le plan environnemental, que ce soit pour l'eau, l'air ou le sol. Ils trouvent de l'emploi en milieu industriel, par exemple dans les domaines métallurgique et pétrochimique.» En 2004, le programme *Techniques de génie chimique*, offert aux cégeps de Jonquière et de Lévis-Lauzon, affichait un taux de placement de 61,5 %, alors que 30,8 % des diplômés avaient décidé de poursuivre leurs études.

> Il existe plusieurs autres programmes pouvant mener à une carrière en environnement. Consultez notre répertoire, à la page 104.

Par ailleurs, explique Jacques Paradis, certains cours du DEC intitulé *Techniques de laboratoire* ont été révisés en vue de répondre à la demande croissante de techniciens dans les laboratoires qui proposent des services environ-nementaux. «Il y a eu notamment des ajustements aux cours en biotechnologie, en assurance qualité et échantillonnage environnemental, précise-t-il. En 2005, nous avons reçu pas moins de 50 offres de stage pour les 23 élèves de cette formation.» À l'échelle du Québec, le taux de placement de ce programme donné dans six établissements atteignait 81,5 % en 2004. ▶

FORMATION UNIVERSITAIRE

Plusieurs chemins mènent à l'environnement

Les programmes universitaires en **génie chimique, génie civil, génie mécanique, géologie, biologie, urbanisme, droit, géographie** et **communications** ne sont que quelques exemples de formations générales pouvant mener au secteur de l'environnement.

Conseillère en emploi au Service de placement de l'Université de Montréal, Andrée Desroches a comptabilisé 128 offres d'emploi en environnement pour la période du 1er juin 2004 au 31 mai 2005. Des offres adressées aux diplômés en biologie, en aménagement, en urbanisme ou en géographie. «Les demandes proviennent majoritairement d'organismes gouvernementaux ou paragouvernementaux ainsi que d'instituts de recherche. Mais si je compare avec les années passées, l'entreprise privée est de plus en plus présente, offrant des postes de techniciens de laboratoire, de géomaticiens ou de conseillers techniques. On a besoin d'eux pour effectuer des études en évaluation de risques environnementaux.»

Directeur de premier cycle en biologie à l'Université Laval, Gilles Houle confirme : «Nos anciens étudiants qui travaillent pour des firmes de consultants en environnement m'appellent souvent pour me demander si je connais des diplômés disponibles pour analyser des données. Les villes qui se sont dotées d'un service de l'environnement offrent aussi de nouveaux débouchés.»

Pour leur part, les diplômés en géologie sont particulièrement courtisés, comme le confirme Alfred Jaouich, directeur du Département des sciences de la terre et de l'atmosphère de l'Université du Québec à Montréal : «Depuis un an, la demande est très forte et certains de nos étudiants se font relancer par des firmes d'experts-conseils en environnement», précise-t-il. Le Département compte environ 300 étudiants aux trois cycles d'études et le taux de placement y est de 98 %, dont 60 % en environnement.

Le point de vue des employeurs

GSI environnement, une entreprise de réhabilitation de sols contaminés et de gestion de matières résiduelles, compte 215 employés, dont une soixantaine de professionnels en environnement. «Ce sont les diplômés en génie géologique qui se rapprochent le plus de notre expertise», indique France Dumais, directrice des ressources humaines. L'entreprise emploie également plusieurs agronomes qui ont pour rôle de valoriser les matières résiduelles afin qu'elles soient utilisables en agriculture. «Nous avons aussi des diplômés en génie civil, mais la plupart ont obtenu soit un certificat, soit une maîtrise en environnement.» Des techniciens en environnement, en agroenvironnement et en traitement des eaux complètent le tableau. Toujours en croissance, l'entreprise embauche au minimum cinq ou six diplômés par année.

Spécialisations en environnement

Le Centre universitaire de formation en environnement de l'Université de Sherbrooke propose cinq programmes de deuxième cycle : une maîtrise en environnement; un diplôme en gestion de l'environnement; et trois microprogrammes en

Directrice générale de Biolab, un laboratoire d'analyses environnementales et alimentaires à Cap-de-la-Madeleine, Jonquière, Joliette et Thetford Mines, Renée Émond avoue pour sa part éprouver de la difficulté à recruter des techniciens de laboratoire, mais aussi des chimistes. «Cela est problématique, surtout que nous sommes situés en région. On essaie donc de garder les stagiaires que l'on recrute dans les établissements de formation. Mais nous avons aussi besoin de gens habilités à signer des rapports, ce qui nécessite au moins deux ans d'expérience en environnement, selon les exigences gouvernementales. Or, les candidats qualifiés sont très rares.»

À la Ville de Sherbrooke, la Division de l'environnement (qui relève du Service de l'environnement, réseaux et de la voirie) regroupe 74 personnes. «Chez nous, l'environnement est un secteur en croissance. Nous avons beaucoup de projets en développement durable», précise Marie-Josée Ruel, conseillère en développement des compétences au Département des ressources humaines de la Ville. La section Eau potable emploie plusieurs diplômés du DEP en conduite de procédés de traitement de l'eau de même qu'une microbiologiste en charge des analyses d'eau. «On a également une équipe qui gère toute la section des matières résiduelles, soit les sites d'enfouissement, mais aussi les collectes sélectives, la récupération, le recyclage, le compostage, etc. On y trouve des diplômés en biologie, certains ont une maîtrise en environnement, d'autres ont fait une technique.»

vérification environnementale, en gestion des risques (sécurité civile et environnement), ainsi qu'en gestion intégrée de l'eau. «Ce sont des programmes multidisciplinaires, dont les étudiants proviennent tant des sciences, du génie, de l'administration, du droit, que des sciences humaines», explique Michel Montpetit, directeur du Centre. Selon une enquête réalisée auprès de 738 diplômés du Centre en mai 2003, 95 % étaient en emploi. Le quart (25 %) de ceux-ci occupaient un poste dans l'industrie de l'environnement, 27 % dans les autres industries, 28 % dans la fonction publique provinciale et fédérale, 7 % dans des municipalités, 4 % dans les organisations sans but lucratif et 8 % dans l'enseignement.

L'Institut des sciences de l'environnement de l'UQAM offre pour sa part quatre programmes d'études de deuxième et de troisième cycle, dont la maîtrise et le doctorat en sciences de l'environnement. Selon une enquête interne réalisée en 2004, 88 % des diplômés de l'Institut occupaient un emploi en environnement. «Le placement des diplômés demeure stable depuis plusieurs années, précise Catherine Limoges, coordonnatrice à l'Institut. Comme la tendance est à la réglementation environnementale, on peut penser que les emplois dans le domaine augmenteront sensiblement dans les prochaines années.»

> Dans cet univers où les progrès scientifiques et la législation évoluent rapidement, la mise à jour des connaissances est considérée comme indispensable.

C'est également ce que pense Nicole Huybens, professeure au programme de diplôme d'études supérieures spécialisées (DESS) en éco-conseil à l'Université du Québec à Chicoutimi. Ce programme de deuxième cycle, offert depuis janvier 2002, vise à former des professionnels du développement durable et de la gestion de l'environnement. «Le taux de placement est de 90 % pour les 40 étudiants des trois premières cohortes, affirme Nicole Huybens. La quatrième cohorte est actuellement en stage rémunéré, donc au travail également. Nos diplômés sont embauchés par le gouvernement, les municipalités, mais aussi par des entreprises telles que Desjardins ou Bell Canada, pour remplir des fonctions liées à l'investissement responsable.»

Du côté de l'Université Laval, deux nouveaux programmes directement liés aux besoins du marché de l'emploi en environnement sont donnés depuis l'automne 2005 : un baccalauréat en génie des eaux et une maîtrise en biogéoscience de l'environnement.

Voilà autant de formations, résume Robert Ouellet, directeur général du Comité sectoriel de main-d'œuvre de l'environnement, qui permettent aux travailleurs du secteur de se perfectionner tout au long de leur carrière. Par exemple, un bachelier en chimie ou en génie a tout avantage à faire une maîtrise en lien avec l'environnement pour être en mesure d'intervenir de manière plus pertinente. Sans compter que, dans cet univers où les progrès scientifiques et la législation évoluent rapidement, la mise à jour des connaissances est considérée comme indispensable. «Intervenir en environnement ne s'improvise pas», conclut-il. ◉ 06/05

Les carrières de l'environnement et vous

Par Brisson Legris et associés, évaluation et gestion de carrière

Quelle section du guide *50 carrières de l'environnement* présente le plus d'intérêt pour vous? Serait-ce *Conservation de l'intégrité écologique*, *Prévention de la pollution et gestion des risques*, *Aménagement et cadre de vie* ou *Environnement et société*? Pour le savoir, répondez au questionnaire!

Lisez attentivement les énoncés des deux pages suivantes. Lorsque vous êtes en accord avec un énoncé, **il est important de cocher TOUTES les cases** qui se trouvent à sa droite. Attention : il y en a parfois une, parfois deux. Si l'énoncé ne suscite pas d'intérêt chez vous, ignorez-le et passez au suivant.

Après avoir répondu au questionnaire, comptez les cases que vous avez cochées dans chacune des quatre colonnes. Inscrivez ensuite le total de chaque colonne à la dernière ligne de la grille.

N°	Questionnaire	1	2	3	4
01.	Je veux travailler dehors, dans la nature. ✓	✓		✓	
02.	J'aimerais apprendre à utiliser des cartes, le GPS et de l'équipement de laboratoire. ✓	✓		✓	
03.	J'aimerais pouvoir expliquer aux chefs d'entreprise les dangers pour la santé humaine que peuvent représenter les produits qu'ils utilisent dans leurs activités industrielles.		✓		
04.	Je désire faire connaître au grand public l'importance des questions environnementales.				✓
05.	J'aimerais en savoir plus sur les dangers associés aux produits chimiques qui nous entourent et sur les moyens de nous en protéger. ✓		✓		
06.	J'aimerais concevoir et appliquer des plans de contrôle des polluants dans les milieux de travail.		✓		
07.	Je désire comprendre le fonctionnement des écosystèmes pour mieux les protéger. ✓	✓			
08.	Je m'intéresse à la géographie et à l'étude des territoires. ✓			✓	
09.	Je désire étudier les questions environnementales d'un point de vue économique ou politique.				✓
10.	Je m'intéresse à la biologie. ✓	✓	✓		
11.	Je me verrais faire des analyses en laboratoire pour déceler la présence de produits nocifs pour l'environnement.		✓		
12.	J'ai du talent pour les sciences et la technologie. ✓	✓	✓		
13.	Je trouverais intéressant de calculer la distribution et la concentration des polluants dans notre environnement. ✓	✓			
14.	J'aimerais vulgariser la connaissance scientifique sur les questions environnementales. ✓				✓
15.	J'aimerais travailler à l'organisation des activités humaines dans une municipalité (loisirs, transport, logement, etc.) de façon qu'elles ne nuisent pas à l'environnement. ✓			✓	
16.	J'aimerais étudier le droit environnemental.			✓	✓
17.	Je souhaiterais mettre en place des systèmes de gestion environnementale dans les organisations. ✓		✓		

N°	Questionnaire	1	2	3	4
18.	J'aimerais enseigner et communiquer aux jeunes mon souci pour la qualité de notre environnement.				✓
19.	J'aimerais que mes tâches me permettent d'intervenir directement sur la conservation et le renouvellement des ressources naturelles. ✓	✓	✓		
20.	J'aimerais faire de la recherche pour trouver de nouvelles solutions aux problèmes environnementaux. ✓		✓		
21.	Je m'intéresse à la chimie.		☐		
22.	Je suis rigoureux, j'aime suivre des procédures strictes et j'ai le souci du détail. ✓	✓	✓		
23.	Je désire trouver des moyens d'exploiter les ressources naturelles tout en préservant l'environnement. ✓		✓		
24.	Je m'intéresse à l'environnement comme sujet d'étude, mais je préfère les tâches rattachées à la gestion, à l'administration ou à l'éducation.				☐
25.	J'aimerais pouvoir observer les conséquences des polluants et contaminants dans la nature.	✓			
26.	Travailler avec des produits chimiques dangereux ne me ferait pas peur, pourvu que je sache comment m'y prendre.			☐	
27.	Je désire comprendre les régles et les normes qui régissent l'utilisation de produits dangereux en milieu de travail.			☐	
28.	Je m'intéresse à la physique.	☐	☐		
29.	Je veux comprendre les problèmes de santé liés au travail.			☐	
30.	Je me tiens au courant de l'actualité concernant la politique environnementale.			☐	☐
31.	J'aimerais faire connaître la présence de problèmes environnementaux que j'ai pu observer.	✓			✓
32.	Je veux apprendre des techniques de décontamination et de contrôle des polluants. ✓		✓		
33.	J'aimerais prendre des échantillons d'air, d'eau ou de sols. ✓	✓	✓		
Inscrivez le total de cases que vous avez cochées dans chaque colonne. **Reportez-vous à la page suivante pour interpréter vos résultats.**		9 11	7 7	6 4	1 4

INTERPRÉTATION DES RÉSULTATS

Chacune des colonnes du questionnaire correspond à une section du volume, tel qu'indiqué dans le tableau qui suit. En comparant les résultats que vous avez obtenus dans chacune des colonnes, vous pourrez déterminer laquelle des sections représente le plus grand intérêt pour vous, mais seulement après avoir effectué un petit calcul!

Commencez par reporter le total que vous avez obtenu dans chaque colonne dans le tableau ci-dessous.

Colonne	Section du volume	Totaux	Ajustement	Points
1	Conservation de l'intégrité écologique (p. 36 à 45)	9 11	Divisez par 3	3 3.7
2	Prévention de la pollution et gestion des risques (p. 46 à 71)	7 7	Divisez par 4	1.75
3	Aménagement et cadre de vie (p. 72 à 84)	4 6	Divisez par 2	3 2
4	Environnement et société (p. 86 à 98)	4 1	Divisez par 2	0.5 2

Puis, divisez chacun des totaux par le nombre indiqué dans la colonne «Ajustement» et inscrivez le résultat dans la colonne «Points». Par exemple, si vous avez obtenu un total de 10 pour la colonne 1, soit la section «Conservation de l'intégrité écologique», en le divisant par 3, vous obtiendrez 3,3 points. Ne conservez qu'une seule décimale, c'est suffisant.

Le nombre maximal de points possible est de 4,0. Plus vos points s'approchent de 4,0, plus les chances sont grandes que les carrières présentées dans la section correspondante vous paraissent intéressantes. Donc, à laquelle de ces sections avez-vous attribué le plus grand nombre de points? Votre réponse vous aidera à déterminer à quels portraits de carrière accorder le plus d'attention.

Une collaboration de Brisson Legris & Associés **et des Éditions Jobboom**

Conservation de l'intégrité écologique

Qu'ils s'intéressent aux milieux marins, aux cours d'eau, aux champs ou aux forêts, les professionnels de cette catégorie cherchent à mieux comprendre l'équilibre de la nature. C'est notamment grâce à eux que l'on peut savoir ce qui menace les écosystèmes et que l'on peut agir pour les protéger.

- Préposé en milieu naturel
- Agriculteur biologique
- Naturaliste
- Voyagiste et producteur d'activités écotouristiques et de plein air
- Biologiste de la conservation de milieux naturels
- Biologiste en restauration des milieux humides
- Océanographe
- Spécialiste en simulations climatiques

Pages 38 à 45 →

PRÉPOSÉ EN MILIEU NATUREL
dans un parc régional

MILIEUX DE TRAVAIL POTENTIELS

Pourvoiries

Secteur public

MON TRAVAIL

Ghislain Robert travaille au parc régional de la rivière Gentilly situé à Sainte-Marie-de-Blandford, en Mauricie. Il a pour mission de veiller à l'entretien général du parc. Il parcourt notamment les sentiers de randonnée et d'interprétation pour assurer la sécurité des visiteurs. «Je répare et reconstruis au besoin les passerelles de bois endommagées, explique-t-il. Je veille également à ce que les visiteurs respectent les consignes : on leur demande de ne pas quitter les sentiers. La chasse est interdite dans le parc, mais la pêche est permise. Je m'assure toutefois que l'on respecte le quota de pêche qui limite les prises à cinq ombles de fontaine par jour.» Ghislain indique aussi aux visiteurs les endroits où l'on peut observer la faune. «Je me fais un plaisir de les accompagner sur les sentiers, surtout pour aller observer les chevreuils.»

Le préposé accueille également les clients au camping du parc régional. «Je leur assigne un terrain, leur explique les règlements concernant l'utilisation de l'eau chaude et de l'électricité et leur fournis le bois dont ils ont besoin. Ma responsabilité est de veiller à ce que la nature soit respectée et que les clients soient satisfaits.»

MA MOTIVATION

Avoir un boulot au grand air était un rêve pour Ghislain. «J'aime travailler dans le bois et j'apprécie le caractère non routinier du métier. Je pars travailler sur un sentier, le lendemain j'en fais un autre, chaque journée est différente. Et puis j'adore le contact avec la clientèle. Ce sont des gens qui viennent profiter de la nature et qui sont généralement respectueux de l'environnement. Je les renseigne sur les sentiers de randonnée et certains viennent ensuite m'indiquer les endroits où il y a des réparations à faire. Je leur en suis reconnaissant, car le site est si vaste que je ne peux pas tout voir.»

Ghislain apprécie également les réparations d'infrastructures en forêt comme les clôtures et les petits ponts. «Je dois transporter tout le matériel à pied avant d'effectuer les réparations, sans électricité. C'est un beau défi!»

MON PARCOURS

Ghislain travaillait comme expéditeur dans un abattoir avant d'obtenir son diplôme d'études professionnelles (DEP) en protection et exploitation de territoires fauniques à l'École forestière de La Tuque. Il a travaillé quelques mois pour cet établissement d'enseignement à faire la promotion de sa formation dans les écoles et les salons de l'emploi de la Mauricie avant d'être employé au parc régional de la rivière Gentilly.

MON CONSEIL

«Pour exercer ce métier, il faut aimer la nature et tout ce qui va avec : le froid, la pluie, la chaleur et les moustiques, affirme Ghislain. Les vrais passionnés pourront tout supporter. Il faut aussi être en forme et avoir la volonté de faire des travaux manuels, que l'on soit un homme ou une femme, de petite ou de grande taille.» L'entregent est une autre qualité recherchée. «Il faut aimer les gens et savoir garder sa bonne humeur. Les visiteurs sont en vacances, je me dois d'être toujours agréable avec eux!» 06/05

Les mots en caractères **gras** sont définis dans le glossaire (p. 100 à 102).

● EXEMPLES DE FORMATIONS PERTINENTES

- DEP en aménagement de la forêt
- DEP en protection et exploitation de territoires fauniques
- DEC en techniques d'écologie appliquée

AGRICULTEUR BIOLOGIQUE
dans une ferme laitière

MON TRAVAIL

À la Ferme Halde de Saint-Mathias-sur-Richelieu, en Montérégie, les engrais chimiques, les pesticides, les **OGM** et les antibiotiques sont proscrits. Dans cette exploitation laitière de 230 hectares, on compte 40 vaches et 30 veaux installés dans une étable donnant sur un pâturage. Matin, midi et soir, Gilbert Halde, producteur agricole, nourrit les animaux avec des fourrages biologiques : du foin et des grains composés notamment de maïs, de blé et d'avoine. Deux fois par jour, il procède à la traite des vaches à l'aide d'un système d'aspiration apposé aux pis des bêtes. Le lait est ramassé par la Fédération des producteurs de lait du Québec avant d'être acheminé à l'entreprise Liberté qui l'utilise pour produire son yogourt biologique. Parallèlement à la ferme laitière, Gilbert cultive le blé, le soya et le maïs. Son blé est envoyé à des moulins du Québec qui en font une farine bio. Le soya est vendu à une entreprise de l'Ontario qui l'exporte vers l'Asie. Quant au maïs, Gilbert l'utilise essentiellement pour nourrir ses animaux.

MILIEUX DE TRAVAIL POTENTIELS

Entreprises agricoles

MA MOTIVATION

Pour Gilbert, gérer une entreprise de production biologique et en assurer la rentabilité est une grande source de motivation. «Lorsque l'entreprise était une ferme traditionnelle, on utilisait chaque année plusieurs tonnes d'engrais chimiques et de pesticides. L'agriculture est plus facile avec ces produits, mais cela coûte cher. Et malgré ces investissements, la rentabilité n'est pas toujours au rendez-vous à la fin de l'été puisque la production dépend aussi des conditions météorologiques.» Pour ce producteur biologique, il est plus gratifiant de cultiver dans le respect de l'environnement pour offrir des céréales et du lait de qualité. Si le rendement des fermes biologiques fait encore l'objet d'un certain scepticisme, le défi de Gilbert est de devenir un exemple de réussite. «Un des préjugés est que la production biologique n'est pas payante et mène à la faillite. C'est tout à fait faux.» Il dit avoir un meilleur chiffre d'affaires qu'auparavant, notamment parce que ses produits se vendent plus cher.

MON CONSEIL

Gilbert croit que la production biologique est la voie de l'avenir en agriculture. «Un jeune qui est attiré par le domaine ne devrait pas avoir peur de se lancer. Il y a une forte demande de produits biologiques au Québec.» Il conseille aussi aux jeunes de visiter des fermes biologiques pour confirmer leur choix. «Je suggère également aux agriculteurs de s'inscrire à un club agroenvironnemental pour obtenir des conseils sur la gestion d'une ferme biologique.» 06/05

MON PARCOURS ●

En 1984, Gilbert, qui est mécanicien de machinerie lourde, a pris les rênes de la ferme familiale. Il a immédiatement décidé de lui faire emprunter le virage environnemental. Pour parfaire ses connaissances, il a obtenu trois attestations d'études collégiales (AEC) en transition à l'agriculture biologique à l'Institut de technologie agroalimentaire de Saint-Hyacinthe : des formations différentes et de plus en plus approfondies d'une année à l'autre. Gilbert est également président du syndicat des producteurs de lait biologique.

EXEMPLES DE FORMATIONS PERTINENTES ●

- DEC en gestion et exploitation d'entreprise agricole
- AEC en transition à l'agriculture biologique

NATURALISTE
dans une réserve faunique

MON TRAVAIL

La Réserve nationale de faune du cap Tourmente, située dans la région de Québec, est un milieu naturel protégé qui abrite plus de 300 espèces d'oiseaux. Les amateurs d'ornithologie viennent y observer la chouette lapone, le faucon pèlerin et le colibri à gorge rubis, entre autres. Stéphanie Tremblay y est naturaliste. Elle accueille les visiteurs et anime pour eux des ateliers d'interprétation. «J'organise des causeries et des randonnées guidées au cours desquelles je donne de l'information qui varie selon les saisons. Par exemple, à l'automne et au printemps, les oies des neiges qui sont en migration arrivent par centaines de milliers à Cap-Tourmente. J'explique aux visiteurs le mode de vie de cet oiseau migrateur. Dans une autre activité, j'aborde le sujet du faucon pèlerin. J'explique pourquoi il s'agit d'une espèce en péril, et ce qu'il faudrait faire pour la préserver.»

Les jours où les visiteurs se font plus rares, Stéphanie conçoit de nouvelles activités. «J'ai préparé, entre autres, un atelier sur le **milieu humide** du cap Tourmente, qui est le garde-manger des oies des neiges. Je veux faire prendre conscience aux gens de l'importance des milieux humides en général, car il y en a de moins en moins. On les a beaucoup modifiés pour la construction des routes et des habitations.»

MA MOTIVATION

Adepte des activités de plein air et amoureuse de la nature, Stéphanie ne se voyait pas travailler dans un bureau. Elle a choisi de devenir naturaliste pour partager sur le terrain sa passion avec d'autres. Elle aime particulièrement rappeler aux visiteurs l'importance de protéger l'environnement. «Dans mes ateliers, j'explique aux visiteurs l'impact de l'humain sur l'environnement et son rôle dans la disparition de certaines espèces animales. Je discute avec eux de solutions pour préserver l'environnement et adopter des habitudes de vie plus écologiques. Souvent, quand je demande aux gens ce qu'ils font pour l'environnement, ils répondent qu'ils ne font rien. Mais en parlant j'apprends qu'ils font de la récupération, du recyclage, du compost, bref de petits gestes qui ont leur importance.»

MON PARCOURS

Stéphanie est titulaire de deux diplômes d'études collégiales (DEC) en techniques du milieu naturel du Cégep de Saint-Félicien : le premier comporte une spécialisation en aménagement et interprétation du patrimoine naturel et le deuxième une spécialisation en aménagement de la faune. Elle a notamment été guide-interprète au parc national de la Jacques-Cartier et technicienne en biologie pour un organisme sans but lucratif de conservation de la faune avant d'obtenir son emploi à la Réserve du cap Tourmente.

● EXEMPLES DE FORMATIONS PERTINENTES

• DEC en techniques du milieu naturel
• DEC en techniques d'écologie appliquée
• Baccalauréat en biologie
• Diplôme universitaire lié au domaine de l'environnement

MON CONSEIL

Le naturaliste doit posséder des qualités de communicateur afin de transmettre l'information aux visiteurs. Stéphanie ajoute que le bilinguisme (français-anglais) est essentiel. «Il est également recommandé de suivre des cours de secourisme, précise-t-elle. On travaille avec des enfants et des personnes de tout âge et comme on s'éloigne parfois plusieurs heures dans les sentiers de randonnée, il faut savoir apporter les premiers soins en cas d'accident.» 06/05

Les mots en caractères gras sont définis dans le glossaire (p. 100 à 102).

VOYAGISTE ET PRODUCTEUR D'ACTIVITÉS ÉCOTOURISTIQUES ET DE PLEIN AIR
pour une entreprise privée

MON TRAVAIL

Gilles Brideau est directeur général de Cime Aventure, l'entreprise qu'il a fondée en 1989. Ce centre de plein air, situé à Bonaventure en Gaspésie, offre des activités d'équitation, de randonnée pédestre de même que des excursions en canot et en kayak sur la rivière Bonaventure. Gilles administre les budgets et coordonne le travail de 35 employés : des guides, des préposés à l'accueil, des cuisiniers, entre autres. Il planifie également les activités de l'entreprise en leur donnant une orientation écotouristique, c'est-à-dire qu'elles doivent faire découvrir les **milieux naturels** de la Gaspésie dans le respect de l'écologie. Le directeur fait tout pour minimiser les impacts de ses activités sur l'environnement. Cime Aventure n'utilise, par exemple, que des détergents biologiques et biodégradables pour l'entretien de ses installations. Le recyclage et le compostage des déchets sont également à l'honneur partout sur les lieux.

La mise en valeur du territoire est une autre priorité pour Gilles. Lorsqu'il accompagne un groupe en randonnée de canot ou de kayak sur la rivière Bonaventure, il ne manque pas de parler de ce cours d'eau qui prend sa source au lac Bonaventure, dans le massif des Appalaches, et qui coule sur une distance de 126 kilomètres pour se déverser dans la baie des Chaleurs. Il parle aussi de la richesse de sa faune, qui comprend notamment des saumons de l'Atlantique et des loutres des rivières.

MA MOTIVATION

«Mon plus grand plaisir est de faire la joie des visiteurs, indique Gilles. J'aime qu'ils se sentent appréciés; j'ai de la jasette et j'apprends plein de choses en discutant avec eux.» Lors des expéditions, il prépare les repas pour tous et veille à leur confort. Il est aussi motivé par le fait d'offrir toujours une plus grande variété d'activités, comme de nouveaux circuits de randonnée sur la rivière. Durant l'hiver, il établit des contacts avec des clients potentiels, il assiste à des salons de plein air et s'assure de la mise à jour de ses brochures publicitaires et de son site Internet.

MON CONSEIL

La production d'activités d'écotourisme et de plein air exige polyvalence et débrouillardise. «S'il y a un problème de roue avec un de nos véhicules de transport, par exemple, c'est moi qui tente de le régler rapidement. Il faut tout faire soi-même et garder son sang-froid pour réaliser toutes les activités en même temps.» En tant que guide, il faut aussi être responsable et mûr afin que les expéditions se déroulent de manière sécuritaire. Une bonne forme physique est également requise. 07/05

MILIEUX DE TRAVAIL POTENTIELS

Entreprises privées d'écotourisme

Secteur public

MON PARCOURS ●

Gilles est un autodidacte qui tire la majeure partie de son expérience des nombreux voyages qu'il a effectués un peu partout dans le monde, notamment dans les pays d'Amérique centrale et d'Amérique du Sud. Il a fondé seul son entreprise d'écotourisme en 1989 et a suivi des cours de canotage et de kayak de même que des ateliers sur les règles de sécurité en expédition.

EXEMPLES DE FORMATIONS PERTINENTES ●

- DEC en techniques de tourisme
- DEC en techniques de tourisme d'aventure
- DEC en techniques d'intervention en loisir
- AEC Guide en tourisme d'aventure
- Baccalauréat en gestion du tourisme et de l'hôtellerie
- Baccalauréat en loisir, culture et tourisme

BIOLOGISTE DE LA CONSERVATION DE MILIEUX NATURELS
dans un organisme sans but lucratif

MON TRAVAIL

Le Corridor appalachien est un organisme qui a pour mission de protéger les **milieux naturels** des Appalaches, un vaste territoire montagneux allant du Vermont (États-Unis) jusqu'à la rivière Saint-François en Estrie, en passant par les monts Sutton et Orford. Stéphanie Duguay y est coordonnatrice du partenariat, c'est-à-dire qu'elle est responsable des relations avec la dizaine d'organismes qui travaillent à la protection et à la conservation des milieux naturels de ce territoire. Le Corridor appalachien les appuie en leur offrant des services de recherche de financement, d'élaboration de stratégies de conservation, de formation, etc. «Je rencontre des partenaires pour planifier des actions de conservation, par exemple déterminer quels sont les milieux naturels prioritaires. Ensuite, j'organise des ateliers de formation pour nos partenaires sur les outils de protection comme les **servitudes de conservation**.» Stéphanie œuvre aussi sur le terrain en collaborant aux **inventaires** des milieux naturels à préserver. Sa spécialité : la flore. Elle se rend donc dans les zones désignées pour identifier et dénombrer les différentes plantes qui y poussent.

MA MOTIVATION

Ce n'est pas d'hier que la biologiste s'intéresse à l'environnement. «À six ou sept ans, je me promenais dans le bois et je m'intéressais aux plantes. J'aime protéger la nature et donner une voix à un élément de notre monde qui n'en a pas beaucoup : l'environnement.»

Au quotidien, Stéphanie apprécie le travail en équipe avec les organismes partenaires. «C'est motivant de travailler avec des gens qui ont décidé d'agir pour améliorer leur communauté. Ce qui est gratifiant aussi, c'est de regarder une montagne en me disant que c'est en partie grâce à mon travail si cet endroit est maintenant une aire protégée.» Stéphanie ajoute que, dans un organisme sans but lucratif, la recherche de fonds demeure un défi quotidien. Les ressources sont limitées et il faut s'attendre à porter plusieurs chapeaux. «Je me retrouve avec de nombreuses responsabilités, notamment celle d'assurer le bon fonctionnement du système informatique!»

MON PARCOURS

Stéphanie a fait un baccalauréat en biologie à l'Université McGill. Tous les étés durant ses études, elle a travaillé comme assistante de recherche à la réserve naturelle Gault du mont Saint-Hilaire, propriété de McGill, où elle a été plus tard engagée à titre de coordonnatrice des activités de conservation et de recherche. De retour sur les bancs de l'école en 2003, elle a suivi un programme de maîtrise en écologie du paysage à l'Université Carleton à Ottawa avant de décrocher son emploi au Corridor appalachien.

MON CONSEIL

«Il ne faut pas croire ceux qui disent qu'il n'y a pas de boulot en environnement», affirme Stéphanie. Pour dénicher les emplois cachés, elle conseille d'entretenir un bon réseau de contacts. «Dès le cégep, j'ai participé aux activités d'organismes liés à l'environnement. C'est le meilleur moyen de rencontrer des gens et de faire en sorte qu'ils pensent à nous pour des contrats. Mais il faut accepter que les premiers emplois dans ce domaine soient souvent temporaires et modestement rémunérés.» 06/05

Les mots en caractères **gras** sont définis dans le glossaire (p. 100 à 102).

● EXEMPLES DE FORMATIONS PERTINENTES

• Baccalauréat en biologie
• Baccalauréat en géographie

BIOLOGISTE EN RESTAURATION DE MILIEUX HUMIDES
dans une firme d'experts-conseils en environnement et faune

MON TRAVAIL

Les gens d'affaires font appel à Richard Brunet lorsqu'ils désirent exploiter un terrain où se trouve un **milieu humide** comme un étang, un **marais**, un **marécage** ou une **tourbière**. Par exemple, si un entrepreneur veut rendre accessible au public un boisé avec tourbière, Richard s'assurera que les espèces animales et végétales qui y vivent n'en souffriront pas. Il peut, par exemple, superviser la construction de sentiers en planches de bois, sur pilotis.

Afin de trouver la solution idéale, le biologiste fait l'inventaire des espèces animales (grenouilles, tortues, poissons, couleuvres) et végétales (nénuphars, **sphaigne**, roseaux) qui peuplent le terrain. Pour les végétaux, il se fie à ses observations. Pour les animaux, il utilise des compteurs automatisés, comme le système IchtyoS équipé d'émetteurs et de capteurs laser qui recueillent des données sur la taille des poissons et leur espèce.

Richard restaure aussi des **berges**. «Parfois, les terres agricoles sont trop près des rivières. Les producteurs arrachent des arbres et des plantes en bordure de l'eau, ce qui rend la berge plus vulnérable, car il n'y a plus de végétaux pour la protéger contre l'**érosion**», explique-t-il. Avec son équipe, il utilise des techniques comme l'**enrochement** ou il retravaille la pente en paliers avant d'y enraciner de nouvelles plantes.

MILIEUX DE TRAVAIL POTENTIELS

Fournisseurs de solutions et de services environnementaux

Municipalités

Organisations non gouvernementales

Organismes sans but lucratif

Secteur public

MA MOTIVATION

Loin de la routine, le travail de Richard l'amène à voyager beaucoup au Québec, mais aussi en Ontario et dans les Maritimes. Il doit donc connaître la réglementation environnementale de chacun de ces endroits. Pour mener les projets à bien, il travaille en équipe avec des ingénieurs forestiers et civils, des agronomes et des conducteurs de pelle mécanique. «Je dois faire preuve de beaucoup de diplomatie pour établir de bons contacts avec toutes ces personnes», explique Richard. Mais par-dessus tout, le souci de protéger les milieux humides, menacés de disparition, ne le quitte jamais. «Participer à la conservation d'un milieu ou d'une espèce est mon plus grand défi.»

MON CONSEIL

Pour œuvrer dans le domaine de la conservation des milieux humides, il est important d'avoir une solide formation. «Un diplôme de maîtrise se révèle un minimum pour se tailler une bonne place», précise Richard. Si la passion pour l'environnement est essentielle, être membre de l'Association des biologistes du Québec apporte de la crédibilité. Il est aussi important d'aimer le travail en plein air, dans des milieux souvent isolés. 07/05

MON PARCOURS ●

Richard est titulaire d'un baccalauréat en biologie avec spécialisation en écologie et d'une maîtrise abordant le comportement des oiseaux, tous deux obtenus à l'Université de Sherbrooke. Il a aussi suivi un programme de doctorat offert conjointement par l'Université de Sherbrooke et l'Université Laval sur la toxicologie faunique chez les oiseaux. Il a été consultant pour une firme spécialisée en inventaire d'oiseaux et assistant de recherche avant de fonder trois entreprises vouées à la protection de l'environnement, qui ont fusionné en 2001, prenant le nom d'Envirotel 3000.

EXEMPLES DE FORMATIONS PERTINENTES ●

• Baccalauréat ou maîtrise en biologie
• Baccalauréat en géographie
• Diplôme universitaire lié au domaine de l'environnement

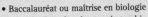

OCÉANOGRAPHE
dans un établissement d'enseignement

MON TRAVAIL

Guillaume St-Onge est océanographe à l'Institut des sciences de la mer de Rimouski. Sa spécialité : la paléocéanographie, une discipline qui s'intéresse à l'évolution des fonds marins et des océans depuis la formation de la planète, il y a quelques milliards d'années. De deux à quatre semaines par année, Guillaume part en mer. «Au cours d'une mission, je recueille des échantillons de **sédiments** dans les fonds marins à l'aide d'appareils appelés **carottiers**.» Il procède ensuite à l'analyse en laboratoire de ces échantillons. En étudiant la composition des sédiments trouvés, Guillaume tente de comprendre les changements climatiques passés et présents, et d'anticiper ceux qui sont à venir. Pour ce faire, il mesure notamment le magnétisme des sédiments recueillis à l'aide d'un appareil appelé magnétomètre cryogénique. «J'analyse les minéraux magnétiques contenus dans les sédiments. Cela me permet de voir comment le champ magnétique terrestre a varié dans le temps.»

Des recherches effectuées dans le fjord du Saguenay, par exemple, lui ont permis de trouver des couches de sédiments laissées à la suite de catastrophes naturelles telles que des inondations, des séismes et des glissements de terrain. «On se sert entre autres des sédiments marins pour évaluer la fréquence des catastrophes naturelles au cours des derniers milliers d'années.» L'enseignement universitaire et la rédaction d'articles scientifiques occupent une autre partie de son temps.

MA MOTIVATION

Guillaume adore sa profession qui lui permet de travailler tout en parcourant le monde. «J'ai effectué des missions dans l'océan Pacifique, dans l'Atlantique Nord jusqu'à l'Islande, et j'ai même réalisé une mission dans l'océan Arctique à bord d'un brise-glace. Je travaille aussi dans l'estuaire et le golfe du Saint-Laurent.» Guillaume aime également la liberté que lui offre son travail en ce qui concerne le choix de ses sujets d'étude. «L'Institut me donne la possibilité de réaliser des missions qui répondent à des objectifs scientifiques personnels.» Il souhaite que ses recherches dans l'Arctique, par exemple, permettent de répondre à certaines questions, entre autres sur les changements climatiques survenus dans cette région du globe.

MON PARCOURS

Guillaume est titulaire d'un baccalauréat en géographie physique et d'une maîtrise en sciences de la Terre de l'Université du Québec à Montréal (UQAM). Il a aussi obtenu un doctorat en ressources minérales, toujours à l'UQAM, avant de faire un stage postdoctoral en sédimentologie au centre Eau, terre et environnement de l'Institut national de la recherche scientifique, à Québec. Il a participé à plusieurs missions océanographiques durant ses études. Il a commencé à enseigner l'océanographie à l'Institut des sciences de la mer de Rimouski en septembre 2004.

MON CONSEIL

La profession exige de nombreuses années d'études, précise Guillaume. Le diplôme de doctorat est souvent de mise. La passion pour ce domaine est essentielle, de même que la persévérance et la curiosité scientifique. La maîtrise de l'anglais est aussi nécessaire afin de rédiger et de présenter des articles scientifiques dans cette langue. Pour partir en mission sur les océans, il faut avoir le pied marin et ne pas craindre l'éloignement de ses proches. 07/05

Les mots en caractères **gras** sont définis dans le glossaire (p. 100 à 102).

● EXEMPLES DE FORMATIONS PERTINENTES

• Maîtrise en sciences de la Terre ou en océanographie
• Doctorat en sciences de la Terre, en environnement ou en océanographie

SPÉCIALISTE EN SIMULATIONS CLIMATIQUES
pour un groupe de recherche

MON TRAVAIL

Spécialiste en simulations climatiques, Anne Frigon travaille pour le Consortium Ouranos à Montréal. Ce centre de recherche regroupe des scientifiques dédiés à l'avancement des connaissances en matière d'enjeux et d'adaptation aux changements climatiques en Amérique du Nord. Anne travaille à l'aide d'un programme informatique appelé simulateur de climat régional. Celui-ci émet des hypothèses sur les changements climatiques qui toucheront une région comme le sud du Québec d'ici à 100 ans. Ce simulateur utilise des données fournies par le Groupe d'experts intergouvernemental sur l'évolution du climat. Cet organisme international fait des projections sur l'évolution des populations dans le monde et l'industrialisation des pays. Il tente d'estimer la concentration de gaz carbonique dans l'air, de gaz à effet de serre et d'aérosols au cours des 100 prochaines années. Anne se spécialise en hydrologie. «Par exemple, si Hydro-Québec souhaite réaliser la construction d'un barrage dans le nord du Québec, j'émets des hypothèses qui pourront aider les hydrologues à choisir le meilleur emplacement.» Grâce à ses calculs, elle peut évaluer, sur un territoire donné, quels seront les bassins où il y aura le plus d'eau disponible dans une cinquantaine d'années. Pour ce faire, elle analyse, entre autres, les changements de température et la fonte du couvert de neige.

MILIEUX DE TRAVAIL POTENTIELS

Centres de recherche

Secteur public

MA MOTIVATION

Selon Anne, il est palpitant d'œuvrer dans un domaine où il y a encore beaucoup à explorer. La profession est apparue au début des années 1990 et on compte moins de 300 spécialistes en simulations climatiques régionales dans le monde. «On se connaît à peu près tous, car on partage régulièrement le fruit de nos recherches.» Elle apprécie particulièrement cette collaboration. «Quand on étudie le changement climatique à l'échelle régionale, il ne suffit pas d'appuyer sur un bouton pour obtenir les réponses à nos questions. Nous n'arrivons pas encore à bien évaluer toutes les interactions dans le système climatique. Si je trouve des pistes qui m'apparaissent valables, je les présente sous forme d'articles dans les revues scientifiques ou dans des conférences.»

MON CONSEIL

Dans cette profession en pleine évolution, il est important de lire des articles scientifiques et de rester en contact avec le réseau d'experts mondiaux pour connaître leurs sujets d'étude. Anne ajoute qu'il est bon de cultiver la polyvalence et de profiter de chaque expérience professionnelle. «C'est dans un emploi précédent que j'ai appris à rédiger des rapports. Cela m'est très utile aujourd'hui, car je dois résumer mes recherches et être capable d'écrire clairement en français et en anglais.» 06/05

MON PARCOURS ●

Anne a obtenu un baccalauréat en physique à l'Université du Québec à Montréal (UQAM). Elle a ensuite fait une maîtrise en sciences de l'atmosphère, toujours à l'UQAM, tout en travaillant comme **prévisionniste** à MétéoMédia. Elle a aussi été consultante en météorologie pour une entreprise privée avant de se joindre au Consortium Ouranos.

EXEMPLES DE FORMATIONS PERTINENTES ●

- Baccalauréat en mathématiques avec concentration en météorologie
- Baccalauréat en physique
- Maîtrise en sciences de l'atmosphère
- Diplôme d'études supérieures spécialisées en météorologie

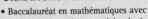

Prévention de la pollution et gestion des risques

L'action des travailleurs de ce segment vise à minimiser l'impact des activités humaines sur l'environnement et la santé. On leur doit entre autres le contrôle de la pollution des industries, les mesures de sécurité dans les entreprises, le recyclage des déchets et l'assainissement de l'eau.

- Valoriste
- Assistant au développement de procédés biotechnologiques
- Superviseur en gestion environnementale
- Technicien en équilibrage de l'air intérieur
- Technicien en réhabilitation des sols
- Technicienne de laboratoire
- Technicienne en gestion des matières résiduelles
- Technicienne et opératrice en assainissement de l'eau potable
- Chercheur en environnement
- Chimiste de l'environnement
- Conseillère en gestion environnementale industrielle
- Conseiller en prévention et mesures d'urgence
- Épidémiologiste
- Évaluateur environnemental de site agréé
- Géologue
- Hydrogéologue
- Hygiéniste du travail
- Superviseure microbiologiste
- Toxicologue

Pages 48 à 71

VALORISTE
dans une entreprise d'économie sociale

MILIEUX DE TRAVAIL POTENTIELS

Fournisseurs de solutions et de services environnementaux

Municipalités

Organismes sans but lucratif

Secteur public

MON TRAVAIL

Le mot «valoriste» est nouveau et encore peu connu. Il désigne une personne dont le rôle est de mettre les choses en valeur, explique André Maheux, qui exerce ce métier pour le Consortium ÉCHO-Logique de Montréal. Cette entreprise d'économie sociale se spécialise dans la gestion des matières recyclables. «Le Consortium offre des services de récupération de **matières résiduelles** à des organismes publics, des commerces, des industries de même qu'à des festivals et des grands événements.»

André est celui qui reçoit les collectes à l'entrepôt du Consortium. Il doit évaluer et trier les matières résiduelles afin de déterminer ce qui peut être récupéré et recyclé. «Je fais le tri des différents produits qui défilent sur un tapis roulant. Par exemple, les déchets de jardin, les pelures de fruits et de légumes sont récupérés pour faire du compost utilisé comme engrais en agriculture. Le papier, le carton, le verre et les matières plastiques sont envoyés à des entreprises qui les recyclent et les transforment en vue d'une nouvelle utilisation.» Bacs à fleurs en plastique, papiers journaux et bouteilles en verre sont au nombre des produits fabriqués à partir de matières recyclées.

Lors de grands événements comme le Grand Prix de formule 1 de Montréal, André trie l'ensemble des déchets ramassés sur les lieux. «Cela représente des centaines de milliers de contenants en carton, en plastique et en aluminium.» En 2004, le Consortium y a récupéré plus de 15 tonnes de matières qui ont pu être envoyées au recyclage.

MA MOTIVATION

André est fier d'agir directement sur le terrain pour protéger l'environnement. «Le Consortium recycle 90 % des déchets qu'il reçoit. Cette performance est en avance sur les objectifs de la Politique québécoise de gestion des matières résiduelles, qui prévoit atteindre 65 % en 2008.» Le défi personnel d'André est d'arriver à recycler la totalité des déchets qu'il reçoit! «Mais il y a encore beaucoup à faire pour éduquer les gens. Par exemple, quand il est écrit "papier" sur un conteneur de récupération, on n'y met pas des couches pour bébé! Si le tri était bien fait à la source, on perdrait moins de temps.»

MON PARCOURS

André a œuvré plusieurs années en forêt à replanter des arbres et à débroussailler des terrains de coupe avant d'occuper durant quatre ans le poste de responsable du recyclage dans un écoquartier de la ville de Montréal. En 2004, il a suivi une formation de six mois offerte par la Commission scolaire de Montréal en vue d'obtenir une attestation d'études professionnelles (AEP) de valoriste. Il a ensuite été embauché par le Consortium ÉCHO-Logique de Montréal, qui l'avait accueilli en stage.

● EXEMPLE DE FORMATION PERTINENTE
• AEP Valoriste

MON CONSEIL

«Quand on fait le bilan de l'état de la planète, on se rend vite compte que le travail à accomplir est colossal. Mais dans ce métier, il ne faut pas se laisser décourager devant l'immensité de la tâche», dit André. Il précise en outre que le métier exige une bonne endurance physique. «Par temps de canicule, par exemple, il faut trier rapidement les bacs de récupération pour éviter la décomposition des matières organiques. Et ça ne sent pas toujours la rose!» 07/05

Les mots en caractères **gras** sont définis dans le glossaire (p. 100 à 102).

ASSISTANT AU DÉVELOPPEMENT DE PROCÉDÉS BIOTECHNOLOGIQUES
dans une entreprise privée

MON TRAVAIL

Travailler avec des organismes vivants que l'on ne peut voir qu'au microscope passionne Guy Hubert, assistant au développement de procédés biotechnologiques chez Premier Tech Biotechnologies. Située à La Pocatière, dans le Bas-Saint-Laurent, cette entreprise conçoit, à l'aide des biotechnologies, des produits qui favorisent la croissance végétale, sans engrais ni pesticide. Tout cela grâce aux **mycorhizes**, des champignons microscopiques qui se développent sur les racines des plantes et leur permettent de mieux capter les nutriments du sol.

Guy travaille en laboratoire à produire les mycorhizes. «Je prépare leurs milieux de culture et j'examine leur croissance à l'aide d'un microscope.» Il assure aussi le contrôle de la qualité de l'eau d'approvisionnement pour la production de ces champignons en mesurant notamment le **pH**. Guy est également en charge de la **stérilisation** du matériel de laboratoire.

MA MOTIVATION

Guy adore son travail parce qu'il lui permet de participer à la protection de l'environnement. «Les mycorhizes peuvent remplacer les engrais solides pour les plantes. Au contraire des engrais, ils ne polluent pas la **nappe phréatique** ni les cours d'eau. C'est un plus pour l'environnement.»

Il a en outre un emploi du temps des plus variés. L'assistant doit, par exemple, intervenir de façon ponctuelle pour régler des problèmes de fonctionnement de l'équipement, comme des pompes d'approvisionnement en eau ou des appareils de mesure.

Guy apprécie également le travail d'équipe, avec d'autres assistants, des chercheurs et des microbiologistes, tout comme son environnement de travail. «Je passe mes journées dans un grand laboratoire qui me fait penser à une cuisine, et j'aime bien cuisiner!»

MON CONSEIL

Le travail dans un laboratoire exige rigueur et minutie : avec l'infiniment petit, les manipulations doivent être précises. Une bonne capacité de communication se révèle aussi essentielle pour bien collaborer avec d'autres spécialistes. Il faut enfin être digne de confiance, ajoute Guy, car l'entreprise tient à garder les détails de ses procédés de production confidentiels. 07/05

MILIEUX DE TRAVAIL POTENTIELS

Fournisseurs de solutions et de services environnementaux

Secteur industriel

Secteur public

MON PARCOURS ●

Guy a obtenu un diplôme d'études collégiales (DEC) en technologie de la production horticole et de l'environnement et une attestation d'études collégiales (AEC) en culture écologique autogérée à l'Institut de technologie agroalimentaire de La Pocatière. Il a notamment occupé des postes de technicien en recherche et développement, de technicien horticole et de technicien de laboratoire pour des producteurs de tourbe avant de décrocher son emploi chez Premier Tech Biotechnologies.

EXEMPLES DE FORMATIONS PERTINENTES ●

• DEC en techniques de laboratoire (biotechnologies)

• Baccalauréat en biologie avec spécialisation en biotechnologies

SUPERVISEUR EN GESTION ENVIRONNEMENTALE
dans un centre de transfert de matières dangereuses

MILIEUX DE TRAVAIL POTENTIELS

Fournisseurs de solutions et de services environnementaux

Secteur industriel

Secteur public

MON TRAVAIL

Onyx Canada est une multinationale de services environnementaux qui compte plusieurs succursales au Québec. Jean-Sébastien Cloutier travaille au centre de transfert de matières dangereuses de l'entreprise situé dans l'arrondissement de Montréal-Est. Il occupe le poste de superviseur en gestion environnementale. C'est lui qui reçoit les **matières résiduelles** et dangereuses qui arrivent au centre par camion dans des barils, des citernes ou des conteneurs. Il s'agit de substances comme des solvants, des peintures ou encore des huiles usées provenant d'entreprises, par exemple des pétrolières, qui doivent en disposer de manière à ne pas nuire à l'environnement.

Jean-Sébastien tient un registre informatique dans lequel il inscrit chaque nouvel arrivage. Il y note, entre autres, la provenance et la nature des produits reçus. Comme les entreprises lui envoient préalablement un échantillon des substances à venir qu'il fait analyser en laboratoire, il sait à quoi s'en tenir. Quand les matières arrivent au centre, il décide de la meilleure solution pour en disposer. Les peintures et les solvants recueillis sont généralement recyclés afin d'être réutilisés, tandis que les huiles usées sont employées comme combustibles d'appoint dans les fours d'incinérateurs ou dans les cimenteries. D'autres résidus, dont certains matériaux de construction, doivent cependant être éliminés et, dans ce cas, Jean-Sébastien cherche le site d'enfouissement prêt à accueillir ces déchets.

MA MOTIVATION

«Le plus motivant dans mon travail, c'est de rediriger des matières dangereuses qui, autrement, se retrouveraient dans l'environnement. J'aime l'idée de soulager la nature tout en gagnant ma vie.»

Comme les normes environnementales sont très strictes en ce qui concerne les matières dangereuses, Jean-Sébastien a le défi de demeurer rigoureux dans ses choix. Par exemple, il ne recyclera pas une matière qui devrait plutôt prendre le chemin des sites d'enfouissement et n'enverra pas au rebut un résidu qui pourrait servir à nouveau.

MON CONSEIL

«Il faut avoir les reins solides pour travailler avec des matières dangereuses, dit Jean-Sébastien. Ça ne sent pas toujours bon et l'environnement de travail n'est pas très esthétique.» Travailler de manière sécuritaire et demeurer vigilant sont également des conditions essentielles pour les techniciens qui manipulent des produits dangereux. «Il faut aussi être curieux et s'intéresser aux différentes matières afin de savoir à quoi s'en tenir quand elles nous passeront entre les mains.» 07/05

MON PARCOURS

Jean-Sébastien a obtenu une attestation d'études professionnelles (AEC) en gestion environnementale au Cégep de Rosemont. Alors qu'il étudiait, il a effectué plusieurs stages en entreprise qui lui ont fait voir toutes les facettes du métier de technicien en gestion des matières résiduelles et dangereuses. Il a été engagé par Onyx Canada immédiatement après ses études. Il a gravi les échelons jusqu'à devenir superviseur en gestion environnementale.

● **EXEMPLES DE FORMATIONS PERTINENTES**

• DEC en assainissement de l'eau

• AEC en gestion des matières résiduelles

• AEC en gestion environnementale

Les mots en caractères **gras** sont définis dans le glossaire (p. 100 à 102).

CENTRE DE FORMATION PROFESSIONNELLE
Paul-Gérin-Lajoie

COMMISSION SCOLAIRE
DES TROIS-LACS

TRAITEMENT DES EAUX

Conduite de procédés en traitement de l'eau

Inscrivez-vous dès maintenant

D.E.P.

Tout un **monde** d'opportunités !

La **seule**
usine-école
au Canada

**Excellentes
perspectives d'emploi**

Le programme de conduite de procédés en traitement de l'eau offre des débouchés des plus intéressants dans les secteurs de l'opération de procédés de traitement de l'eau potable, des eaux usées ou industrielles. Les nouvelles règlementations gouvernementales en matière de gestion des eaux ont contribué à accroître la demande de personnel qualifié dans cette industrie.

Traitement des eaux

Pour inscription ou information :

400, avenue Saint-Charles, pavillon B, Vaudreuil (Québec) J7V 6B1

450-455-9311 poste 7293

Courriel : p.g.l@cstrois-lacs.qc.ca

www.pgl.cstrois-lacs.qc.ca

Inscription par Internet : www.srafp.com

TECHNICIEN EN ÉQUILIBRAGE DE L'AIR INTÉRIEUR
dans une entreprise spécialisée en ventilation

MILIEUX DE TRAVAIL POTENTIELS

Secteur industriel

Secteur public

MON TRAVAIL

La qualité de l'air qui circule dans les bâtiments, Éric Miousse y veille! Il est directeur des projets et technicien en équilibrage de l'air intérieur pour Calibrair, une entreprise de Laval spécialisée en ventilation.

Son rôle consiste à s'assurer qu'il y ait, à chaque heure, un nombre adéquat de changements des volumes d'air dans un bâtiment, afin de permettre une bonne qualité de l'air et une température ambiante confortable. Il travaille dans des bâtiments en construction, des édifices à bureaux et des établissements commerciaux (magasins).

Sur place, Éric consulte les plans du bâtiment et le **devis** fournis par les ingénieurs pour savoir comment est installé le système de ventilation. Au moyen d'un appareil spécial (**anémomètre à fil chaud**), il mesure ensuite la quantité d'air qui s'échappe par minute du ventilateur principal. Il mesure aussi le débit des **diffuseurs d'air** présents dans chaque pièce, puis compile les résultats afin d'évaluer la performance du ventilateur. Si le nombre de changements d'air par heure n'est pas suffisant, il effectue l'équilibrage, le plus souvent à l'aide de l'informatique. «Beaucoup de systèmes sont maintenant reliés à des **automates programmables**. J'entre donc les données manuellement, directement sur les automates. Je dois aussi m'assurer que les poulies, les courroies et tout ce qui est mécanique dans le ventilateur fonctionne bien pour ne pas qu'il y ait de bris prématuré.»

MA MOTIVATION

Au départ, Éric se passionnait pour la mécanique. «C'est le hasard qui m'a mené vers un emploi en équilibrage de l'air intérieur. Mais j'ai découvert que c'était une belle porte d'entrée pour la mécanique du bâtiment.» Il apprécie d'ailleurs la polyvalence qu'exige le métier. «On doit maîtriser les principes de la ventilation, du chauffage, de la réfrigération, en plus d'avoir de bonnes connaissances en électricité. Depuis quelques années, on touche aussi à l'informatique.» Éric aime également l'aspect non routinier de son emploi. «Nos clients sont répartis à travers le Québec, je me déplace donc beaucoup. Les contrats durent en moyenne une semaine ou deux, ce qui me permet de voir différents types de bâtiments et d'installations.»

MON PARCOURS

Éric ne possède pas de diplôme, mais il a suivi des cours en ventilation et chauffage offerts dans le cadre du programme *Technologie de la mécanique du bâtiment* au Collège Ahuntsic. Avec des collègues de travail, il a aussi reçu une formation en ventilation à l'École Polymécanique de Laval. Il a commencé sa carrière chez Calibrair à titre de technicien en mécanique. Il a ensuite occupé le poste de technicien en équilibrage de l'air intérieur avant de devenir directeur des projets.

MON CONSEIL

Éric estime que la formation collégiale en mécanique du bâtiment est un atout pour travailler dans le domaine. L'habileté pour la lecture de plans, c'est-à-dire la capacité à bien visualiser la structure d'un bâtiment, la curiosité, la rigueur sont des qualités recherchées. La polyvalence est aussi essentielle, car le métier exige des connaissances en mécanique, en ventilation, en électricité et en plomberie. 07/05

Les mots en caractères **gras** sont définis dans le glossaire (p. 100 à 102).

● EXEMPLE DE FORMATION PERTINENTE

• DEC en technologie de la mécanique du bâtiment

TECHNICIEN EN RÉHABILITATION DES SOLS
dans une entreprise spécialisée en décontamination du sol et de l'eau souterraine

MON TRAVAIL

Ghislain Dubuc a pour mission de s'assurer que les clients de son employeur, Biogénie, jouissent de terrains dépourvus de matières toxiques comme des **hydrocarbures**, des **solvants chlorés** ou des **BPC**. Divers organismes ont recours à de tels services, notamment les compagnies pétrolières. Pour savoir si un terrain est contaminé, Ghislain recueille des échantillons de terre à l'aide de tubes qu'il enfonce dans le sol. Les spécimens sont ensuite analysés en laboratoire. Si le sol est pollué, les résultats révéleront quelles parties du terrain sont touchées et quelles substances on y trouve. Pour Ghislain et ses collègues, la prochaine étape du travail consiste à séparer les parties de sol à traiter de celles qui sont saines. Des entrepreneurs de construction leur facilitent la tâche en aménageant sur place une aire de traitement asphaltée, où le sol **excavé** est déversé pour être traité.

Par la suite, Ghislain utilise la «recette secrète» de l'entreprise pour structurer le sol en le rendant plus homogène et perméable à l'air, ce qui le débarrassera de ses substances nocives. Parmi les ingrédients qui composent le mélange, notons le bran de scie. Grâce à un ordinateur relié à l'amas de terre par des fils, le technicien sait si le sol a reçu assez d'agents dépolluants, s'il a la bonne texture et le bon degré d'aération. En cas de pépin, il peut réagir en ajoutant un peu plus de l'un des ingrédients.

MA MOTIVATION

«C'est gratifiant de décontaminer des sols parce que je contribue à assainir l'environnement», explique Ghislain. Comme l'entreprise Biogénie est active au Canada, aux États-Unis et en Europe de l'Ouest, il est appelé à voyager un peu partout pour partager son expertise. «J'aime aussi le fait que mon métier n'est pas monotone. On n'est jamais sur le même site et chaque sol présente ses particularités.» De plus, en tant que technicien en chef et chargé de projets, Ghislain a des responsabilités stimulantes. Par exemple, il évalue les coûts qu'engendre la décontamination de tel ou tel autre type de sol et estime quels outils seront nécessaires.

MON CONSEIL

«Un technicien doit être ouvert à l'idée de se promener d'un endroit à l'autre, note-t-il. On peut partir une semaine à Sept-Îles ou Chicoutimi, puis revenir à Québec pour ensuite repartir ailleurs...» Selon Ghislain, il faut être sociable, car il n'est pas rare d'avoir à collaborer avec des entrepreneurs de construction ou des ingénieurs civils. «La débrouillardise est aussi importante. Si je constate qu'il faut ajuster les paramètres du processus de décontamination, par exemple, je dois réagir vite, sans attendre l'aide de mes collègues!» 07/05

MILIEUX DE TRAVAIL POTENTIELS

Fournisseurs de solutions et de services environnementaux

Municipalités

Organisations non gouvernementales

Organismes sans but lucratif

Secteur public

MON PARCOURS ●

Ghislain a obtenu un diplôme d'études collégiales (DEC) en technologies minérales au Cégep de Thetford Mines. Avant d'être embauché comme technicien en **réhabilitation des sols** chez Biogénie, il a travaillé pour deux firmes de consultants, l'une en génie civil et l'autre en hydrogéologie. Dans ces deux entreprises, il faisait de la recherche pour des clients sur l'état de leurs eaux souterraines.

EXEMPLES DE FORMATIONS PERTINENTES ●

• DEC en géologie appliquée
• DEC en technologie du génie civil

TECHNICIENNE DE LABORATOIRE
dans un laboratoire d'analyses environnementales

MILIEUX DE TRAVAIL POTENTIELS

Fournisseurs de solutions et de services environnementaux

Secteur industriel

Secteur public

MON TRAVAIL

Les compagnies susceptibles de polluer, comme les usines de pâtes et papiers et les alumineries, doivent régulièrement faire analyser des échantillons de sol et d'eau provenant de leur environnement, pour s'assurer qu'elles ne déversent aucun déchet toxique. Au Laboratoire de l'environnement LCQ, à Québec, la technicienne en **écotoxicologie** Élise O'Leary effectue des analyses environnementales pour le compte de papetières, d'entreprises minières et de particuliers.

Travaillant en laboratoire, Élise met des échantillons de sol et d'eau en contact avec différents organismes (poissons, crustacés, algues, plantes aquatiques) afin de vérifier si ces derniers subissent des dommages. Par exemple, elle dépose dix truites arc-en-ciel dans un aquarium, y déverse une partie de l'échantillon et observe pendant quatre jours l'effet produit sur les poissons. «S'il y a des éléments toxiques, les organismes peuvent arrêter de croître, de se reproduire ou simplement mourir», précise Élise.

Parallèlement à l'analyse des échantillons, Élise voit aussi à l'élevage des organismes. Elle les nourrit, nettoie les bassins et les aquariums dans lesquels ils vivent afin de les maintenir en bonne santé.

MA MOTIVATION

Être capable de détecter la pollution produite par des compagnies procure à Élise le sentiment d'aider à protéger l'environnement. «Grâce à mon métier, je peux faire ma part. Par exemple, lorsqu'une entreprise contamine l'eau et que mes analyses confirment que cette eau est toxique, des mesures sont prises pour corriger la situation.»

Les soins à apporter aux organismes vivants constituent également un défi quotidien. «Il est très important d'être attentif à leur bien-être et de rapidement détecter les signes de maladie pour ne pas perdre l'élevage. Les organismes constituent la base des analyses et s'ils ne sont pas en bonne santé, les tests ne seront pas concluants.»

MON PARCOURS

Élise a décroché son poste au Laboratoire de l'environnement LCQ après l'obtention d'un diplôme d'études collégiales (DEC) en techniques d'inventaire et de recherche en biologie au Cégep de Sainte-Foy.

MON CONSEIL

Élise explique que les techniciens de laboratoire évoluent dans divers milieux. «On peut travailler autant en laboratoire qu'en plein air, à faire l'inventaire des oiseaux ou à identifier des insectes par exemple. Il est donc important d'élargir ses connaissances en biologie, en écologie et en chimie. On doit être curieux et s'informer. Internet et les publications spécialisées sont de bonnes sources de référence.» 07/05

● EXEMPLES DE FORMATIONS PERTINENTES

- DEC en techniques de laboratoire
- DEC en techniques d'inventaire et de recherche en biologie
- Baccalauréat en biologie

Les mots en caractères **gras** sont définis dans le glossaire (p. 100 à 102).

pour des
passionnés de toute nature...

les techniques du milieu naturel

4 voies de spécialisation
dans le respect du développement durable

- Aménagement de la ressource forestière
- Aménagement de la faune
- Aménagement et interprétation du patrimoine naturel
- Protection de l'environnement

Unique au Québec

CÉGEP de St-Félicien

www.cstfelicien.qc.ca
Possibilité de bourses d'hébergement - Fondation du cégep

TECHNICIENNE EN GESTION DES MATIÈRES RÉSIDUELLES
dans un centre environnemental

MILIEUX DE TRAVAIL POTENTIELS

Fournisseurs de solutions et de services environnementaux

Municipalités

Secteur industriel

Secteur public

MON TRAVAIL

Situé à Sorel-Tracy, le Centre environnemental Techni-Cité est une usine de traitement des eaux usées industrielles, ainsi qu'un centre de transfert des **matières résiduelles** dangereuses et non dangereuses vers des sites de disposition. Ses clients sont des entreprises des secteurs bioalimentaire et pharmaceutique ou encore des ateliers d'usinage.

Martine Beaudreau assure la gestion des matières résiduelles qui arrivent au centre environnemental. Il peut s'agir, par exemple, de contenants de jus périmés, de solvants, de peinture, d'acide, etc.

Les matières liquides sont traitées sur place, dans d'immenses réservoirs, tandis que les matières solides sont expédiées vers des sites de disposition de matières dangereuses et non dangereuses. Lorsqu'une entreprise la contacte, Martine évalue la difficulté du traitement ou du transfert des matières, s'informe sur leur quantité, fixe un prix qu'elle soumet au client et détermine la date d'arrivée des matières au centre environnemental. Finalement, elle informe le surintendant de l'usine de l'arrivée des matières afin que tout soit mis en œuvre pour les traiter ou les transférer.

MA MOTIVATION

Martine apprécie de pouvoir contribuer à la protection de l'environnement. «Pour moi, il est important de protéger la nature, et c'est aussi ce qui a motivé mon choix de carrière.

«Parmi les matières reçues au centre environnemental, je peux, par exemple, envoyer au recyclage le carton ou le plastique et leur donner ainsi une deuxième vie», explique-t-elle.

Martine informe aussi ses collègues de travail sur l'importance de la sauvegarde de l'environnement. «J'ai créé un journal interne où je donne des trucs et des conseils pour recycler à l'intérieur même de notre entreprise.»

MON PARCOURS

Titulaire d'une attestation d'études collégiales (AEC) en techniques de gestion des matières résiduelles du Cégep de Sorel-Tracy et d'une attestation de spécialisation professionnelle (ASP) en lancement d'entreprise du Centre Bernard-Gariépy, Martine a décroché son poste au Centre environnemental Techni-Cité à la fin de ses études. Elle est également présidente du conseil d'administration d'un atelier-boutique de vêtements et de meubles recyclés favorisant la réinsertion sociale de jeunes en difficulté.

MON CONSEIL

«La passion du métier constitue un moteur, à la fois pour les bons et les mauvais jours. Il est aussi très important d'établir des relations harmonieuses avec ses collègues et ses clients, afin d'offrir un service de qualité. La clé pour y parvenir est de développer son sens de l'écoute», avance Martine. 07/05

EXEMPLES DE FORMATIONS PERTINENTES

• DEC en assainissement de l'eau

• AEC en techniques de gestion des matières résiduelles

Les mots en caractères gras sont définis dans le glossaire (p. 100 à 102).

TECHNICIENNE ET OPÉRATRICE EN ASSAINISSEMENT DE L'EAU POTABLE
dans une usine de filtration des eaux

MON TRAVAIL

S'il est possible de boire l'eau du robinet, c'est grâce à des personnes comme Nadia Mercier, qui veillent à ce qu'elle soit propre à la consommation. Nadia travaille à la Centrale de traitement des eaux de Bromont, où sont concentrées la gestion et les activités de production de l'eau potable pour la Ville de Bromont et les alentours. Cette centrale a aussi pour mission le traitement des eaux usées domestiques, commerciales et industrielles ainsi que la protection des cours d'eau. En tant que technicienne, Nadia effectue des tests en recueillant des échantillons d'eau à diverses étapes de sa filtration. Elle remet ensuite les échantillons au laboratoire, où des chimistes en vérifient le niveau de propreté. En fonction de celui-ci, Nadia s'ajuste en ajoutant des produits de désinfection. La propreté de l'eau doit correspondre à des normes préétablies par le ministère du Développement durable, de l'Environnement et des Parcs.

La technicienne s'occupe aussi de l'entretien préventif des appareils comme les pompes, les turbines ou les décanteurs, qui sont de gros bassins au fond desquels se déposent les particules de matières organiques impropres à la consommation. Elle peut, par exemple, procéder à un changement d'huile ou remplacer les courroies d'une turbine. «S'il s'agit d'un problème mineur, je le règle moi-même, mais si c'est une question plus complexe, je confie le cas à mon chef d'équipe, qui se chargera d'appeler un spécialiste», explique-t-elle.

MA MOTIVATION

Nadia adore son métier, non seulement parce qu'il touche à l'environnement, un secteur qui la passionne depuis toujours, mais aussi parce qu'elle est fière de contribuer à la qualité de l'eau. «J'aime les défis et je n'en manque pas. C'est un domaine dans lequel on ne doit pas commettre d'erreurs.» En effet, afin que l'eau soit propre à la consommation quand elle sort de l'usine, Nadia doit faire preuve d'une grande précision dans le calcul des doses de désinfectants qu'elle y injecte. Elle est aussi stimulée par le fait que son métier constitue une voie non traditionnelle pour les femmes, ce qui la pousse à se dépasser constamment. Mais elle souligne qu'elle ne subit aucun préjugé dans son milieu de travail, où elle est pourtant la seule femme technicienne.

MON PARCOURS

Nadia a décroché un diplôme d'études collégiales (DEC) en assainissement de l'eau au Cégep de Saint-Laurent en 2003. Pendant ses études, elle a occupé des emplois d'été à la Centrale de Bromont, et peu de temps après l'obtention de son diplôme, elle y a été embauchée. Mentionnons que le diplôme d'études professionnelles (DEP) en conduite de procédés de traitement de l'eau, seulement offert au Centre de formation professionnelle Paul-Gérin-Lajoie, mène à un métier apparenté, celui d'opérateur d'usines de traitement des eaux.

MON CONSEIL

«Le DEC en **assainissement** de l'eau est assez ardu. On doit aimer la chimie, car le programme en comporte énormément», souligne Nadia.

Selon elle, dans ce métier, il faut composer avec une certaine routine, car on doit exécuter les mêmes tâches quotidiennement. Il y a tout de même des imprévus, comme les bris de machines. Dans ces cas-là, il faut se montrer consciencieux et efficace. 07/05

Les mots en caractères **gras** sont définis dans le glossaire (p. 100 à 102).

● EXEMPLES DE FORMATIONS PERTINENTES
- DEP en conduite de procédés de traitement de l'eau
- DEC en assainissement de l'eau
- AEC en traitement des eaux

CHERCHEUR EN ENVIRONNEMENT
dans un centre de recherche

MON TRAVAIL

Éric Duchemin est directeur scientifique chez DREXenvironnement, la firme de recherche et de consultation scientifique qu'il a fondée. À titre de chercheur, il fournit à divers organismes des renseignements concernant des enjeux environnementaux. Il s'intéresse particulièrement aux changements climatiques et a développé une expertise dans le domaine des émissions de gaz à effet de serre. Il a, par exemple, été mandaté par Environnement Canada pour participer à la rédaction d'un guide méthodologique international servant de base à la réalisation des *Inventaires canadiens des gaz à effet de serre*. Ces documents recensent la source et la quantité totale des émissions de gaz à effet de serre pour une année au pays.

Éric agit également à titre de consultant pour des entreprises qui souhaitent vérifier si elles appliquent adéquatement les règles concernant l'émission de gaz à effet de serre. Pour cela, il se rend sur place afin de mesurer et d'analyser, à l'aide d'échantillons d'eau et de gaz, les émissions de ses clients. Le chercheur est également professeur associé à l'Institut des sciences de l'environnement de l'Université du Québec à Montréal (UQAM). Il y donne un cours sur le développement durable dans le Grand Nord. Il guide aussi ses étudiants dans leurs recherches sur les changements climatiques et l'aménagement urbain.

MA MOTIVATION

Éric est motivé par sa soif d'accroître sans cesse ses connaissances. «J'aime travailler à de nouveaux projets et collaborer avec des chercheurs en sciences naturelles et en sciences humaines comme les chimistes, les géologues, les archéologues ou les sociologues. Une étude conjointe avec un sociologue, par exemple, permet de démontrer comment une population donnée réagit aux contaminations.»

Le fait de voyager un peu partout dans le monde, dans le Grand Nord comme en Amazonie, afin de partager ses connaissances avec d'autres scientifiques, représente un autre avantage stimulant pour le chercheur.

MON CONSEIL

Selon Éric, pour percer dans ce domaine, il faut garder l'esprit ouvert et savoir opter pour de nouvelles thématiques de recherche comme la plantation d'arbres dans les rues de Montréal et ses effets positifs sur la qualité de l'air. «Il est aussi utile de développer son réseau de contacts avec d'autres spécialistes pour partager leurs connaissances et s'ouvrir à diverses perspectives.» 07/05

MILIEUX DE TRAVAIL POTENTIELS

Fournisseurs de solutions et de services environnementaux

Secteur industriel

Secteur public

MON PARCOURS ●

Éric a fait un doctorat en sciences de l'environnement à l'UQAM. Auparavant, il avait obtenu, à la même université, un baccalauréat en géologie, puis une maîtrise en sciences de la Terre. Il a notamment été chargé de recherche à la Chaire de recherche en environnement Hydro-Québec/CRSNG/UQAM avant de lancer sa propre entreprise.

EXEMPLES DE FORMATIONS PERTINENTES ●

• Maîtrise ou doctorat en sciences de l'environnement

CHIMISTE DE L'ENVIRONNEMENT
dans un laboratoire d'analyses environnementales

MILIEUX DE TRAVAIL POTENTIELS

Fournisseurs de solutions et de services environnementaux

Secteur industriel

Secteur public

MON TRAVAIL

Détecter les contaminants (essence, mazout, solvants, etc.) présents dans un échantillon de sol, d'eau ou d'air fait partie des tâches de Richard Tremblay, chimiste de l'environnement. Il supervise le service de chimie organique de Biolab, division Éco-santé, un laboratoire d'analyses environnementales situé à Saguenay. «Les firmes d'ingénierie et les cabinets de consultants en environnement, par exemple, nous envoient des échantillons de sols et d'eaux souterraines pour qu'on les analyse», explique-t-il. À titre de superviseur, Richard s'assure que le travail d'analyse se déroule bien. Il dirige l'équipe de techniciens en chimie analytique qui se charge des manipulations, il vérifie les résultats obtenus et les approuve. «Je dois aussi m'assurer que les équipements nécessaires à l'analyse des échantillons fonctionnent bien.» Il peut s'agir, par exemple, des **chromatographes** et des **spectromètres de masse**.

Richard œuvre aussi à titre de personne-ressource auprès des autres clients de Biolab, tels les alumineries, les papetières, les municipalités et les particuliers. Par exemple, à la demande d'un propriétaire qui a eu un déversement de combustible chez lui, il peut effectuer des analyses chimiques pour déterminer si le sol est contaminé.

MA MOTIVATION

«J'apprécie l'aspect multidisciplinaire de mon travail, souligne-t-il. J'ai des contacts avec des ingénieurs géologues et des hydrogéologues. J'aime la complicité qui existe entre nous. Avec le temps, je suis devenu capable de comprendre beaucoup de choses liées à leur expertise.» Selon Richard, le grand défi de la profession consiste à garder ses connaissances à jour. «L'innovation technologique progresse vite dans le domaine de la chimie. Il faut rester à l'affût des nouvelles technologies, par exemple un système d'analyse plus rapide, qui demande moins de manipulations et qui intègre davantage d'automatisation.» Il doit aussi se tenir au courant des nouvelles réglementations gouvernementales en matière d'environnement.

MON PARCOURS

Richard a obtenu un baccalauréat en chimie de l'Université du Québec à Chicoutimi (UQAC). Il a ensuite fait, à l'Université de Sherbrooke, un diplôme de deuxième cycle en environnement, un microprogramme de deuxième cycle en vérification environnementale ainsi qu'une maîtrise en environnement. Il a notamment occupé des emplois de spécialiste en santé et sécurité à l'UQAC et de technicien en chimie analytique avant d'avoir son poste chez Biolab.

MON CONSEIL

Richard conseille aux futurs chimistes de l'environnement de miser sur la formation continue, notamment en informatique et en électronique. Il précise que de nombreux appareils de laboratoire fonctionnent à l'aide de logiciels et de composantes électroniques. S'intéresser aux sciences de l'environnement est un autre atout. Il s'est pour sa part renseigné sur l'hydrogéologie (science qui s'intéresse aux eaux souterraines) et sur les types de sols (gravier, sable, argile, etc.). La patience, la minutie, la curiosité et la rigueur sont aussi des qualités recherchées. 08/05

Les mots en caractères **gras** sont définis dans le glossaire (p. 100 à 102).

● EXEMPLES DE FORMATIONS PERTINENTES

- Baccalauréat en biochimie
- Baccalauréat en biologie
- Baccalauréat en chimie
- Diplôme de cycle supérieur en environnement

Miser sur le
développement durable :
pour une meilleure
qualité de vie

Pour nous joindre, vous pouvez communiquer
avec le Centre d'information du ministère
du Développement durable, de l'Environnement
et des Parcs

Téléphone :   (418) 521-3830
               1 800 561-1616 (sans frais)
Télécopieur : (418) 646-5974

Courriel :   info@mddep.gouv.qc.ca
Internet :   www.mddep.gouv.qc.ca

Développement durable,
Environnement
et Parcs
Québec 🟦🟦🟦🟦

CONSEILLÈRE EN GESTION ENVIRONNEMENTALE INDUSTRIELLE
dans une usine textile

MILIEUX DE TRAVAIL POTENTIELS

Secteur industriel

MON TRAVAIL

Nicole Desnoyers est conseillère en gestion environnementale industrielle pour la firme Beaulieu Canada, un des plus importants fabricants de tapis au pays. Son travail consiste à implanter la **norme ISO 14001** dans les quatre usines de la compagnie situées en Montérégie et dans le Centre-du-Québec. Cette certification garantit que l'entreprise minimise les impacts de ses activités sur l'environnement.

Quotidiennement, Nicole s'affaire donc à modifier les procédés industriels des usines afin de les rendre plus écologiques. Elle a, entre autres, changé la technique de lavage des tapis pour permettre une plus grande économie d'eau. Elle trouve aussi des solutions pour réduire les déchets. Grâce à son intervention, lors du rasage des tapis à poils coupés, les fibres sont dorénavant aspirées et mises en sacs pour être revendues à un second utilisateur. Chaque année, 140 000 tonnes de fibres autrefois mises au rebut sont ainsi récoltées! «L'entreprise textile qui achète ces poils les utilise comme matière première en remplacement des fibres de coton vierge», explique la conseillère. Nicole organise également des séances de formation pour les gérants des divers services et les contremaîtres. «Je dois m'assurer que chaque équipe de travail suivra les nouveaux procédés de fabrication.»

MA MOTIVATION

«J'ai l'impression que mon travail améliore l'état de l'environnement et que je fais ma part pour protéger la qualité de vie des générations futures, confie Nicole. C'est très motivant.» Nicole apprécie le fait de toucher à tous les procédés industriels de l'entreprise comme la filature, la teinture et le nettoyage des tapis. «C'est ce qui rend mon travail intéressant et diversifié. Mon plus grand défi, c'est d'arriver à changer les habitudes des opérateurs et des contremaîtres. Je dois persévérer et réfléchir à la meilleure façon de faire passer mes idées. J'aime aussi trouver des méthodes efficaces et faciles à appliquer pour protéger l'environnement. Tel un détective, je dois remonter la chaîne jusqu'à la source pour transformer le procédé.»

MON PARCOURS

Nicole est titulaire d'un baccalauréat en génie chimique de l'Université de Sherbrooke. Les quatre stages en entreprise effectués durant ses études l'ont guidée vers la gestion environnementale industrielle. Elle a décroché son emploi chez Beaulieu Canada dès l'obtention de son diplôme.

MON CONSEIL

Nicole estime que son métier exige beaucoup de diplomatie. «Les travailleurs sont ouverts au changement, mais il faut les convaincre. Savoir communiquer ses idées est donc une qualité essentielle, tout comme le sens de l'organisation en raison de la multitude des tâches à remplir.» Elle soutient qu'il est également utile d'être en contact avec d'autres conseillers en gestion environnementale. «C'est pratique d'échanger ses expériences professionnelles pour trouver de nouvelles idées!» 06/05

Les mots en caractères **gras** sont définis dans le glossaire (p. 100 à 102).

● EXEMPLES DE FORMATIONS PERTINENTES

- DEC en environnement, hygiène et sécurité au travail
- AEC en coordination en environnement
- AEC en gestion environnementale
- Diplôme universitaire lié au domaine de l'environnement

CONSEILLER EN PRÉVENTION ET MESURES D'URGENCE
dans une entreprise de services environnementaux

MON TRAVAIL

Stablex Canada est une entreprise de Blainville, dans les Laurentides, qui offre des services de traitement et d'élimination de résidus inorganiques (acides, chrome, mercure, cyanure) et de sols contaminés. Elle compte notamment parmi ses clients des aciéries, des municipalités et des entreprises du secteur aéronautique. Benoit Desroches y est conseiller en prévention et mesures d'urgence. Dans le cadre du volet prévention de son travail, Benoit offre de la formation aux ouvriers qui traitent les matières résiduelles et les sols contaminés. Il leur montre, entre autres, comment porter leur équipement de protection (casque, masque, lunettes, gants, etc.). Aussi, une fois par mois, le conseiller rencontre tous les employés de la compagnie pour parler de sécurité au travail. Il aborde des thèmes comme la prévention des coups de chaleur et le travail dans des espaces clos, par exemple dans les réservoirs d'eaux usées.

Lorsque des accidents surviennent, comme un travailleur qui se coince le doigt dans un enrouleur à boyau, Benoit mène l'enquête pour en déterminer les causes. Il émet aussi des recommandations afin d'éviter que cela ne se reproduise. Benoit établit aussi des plans d'intervention en situation d'urgence. Il a notamment formé une brigade d'intervention industrielle avec 20 opérateurs de l'usine. Ces derniers peuvent agir vite, par exemple, en cas de déversement chimique ou de début d'incendie dans l'entreprise.

MA MOTIVATION

Benoit est stimulé par son désir de perfection. «Je rêve du jour où tout aura été mis en place en matière de prévention et qu'il n'y aura plus de risques d'accidents!» En attendant ce jour, il doit demeurer sur un pied d'alerte. «Lorsque j'enquête sur un accident, j'ai le temps d'analyser les choses. Mais en situation d'urgence, je dois formuler mes conseils en quelques minutes. Par exemple, s'il y a un déversement d'acide sulfurique, je dois savoir qu'il faut neutraliser les émanations avec de la chaux.» Afin d'améliorer ses connaissances, Benoit doit régulièrement suivre des séminaires de formation en prévention et mesures d'urgence. «C'est motivant pour moi parce que j'aime apprendre.»

MON CONSEIL

«Le travail en santé et sécurité protège la vie des ouvriers et l'environnement. Je ne dois pas laisser mon intuition guider mes interventions; elles doivent plutôt être soutenues par des règlements, des lois et des normes de sécurité», explique Benoit. Il ajoute que la profession recherche des esprits curieux. «Il faut poser beaucoup de questions et aller au fond des choses lorsqu'on enquête sur un accident pour bien en cerner les causes.» 07/05

MILIEUX DE TRAVAIL POTENTIELS

Fournisseurs de solutions et de services environnementaux

Secteur industriel

Secteur public

MON PARCOURS ●

Titulaire d'un baccalauréat en chimie de l'Université de Montréal, Benoit a été embauché par Stablex Canada avant même la fin de ses études. Il y a notamment occupé les postes de technicien et de chimiste des résidus de laboratoire avant d'accéder à son emploi actuel. Il a suivi des cours d'intervention en sécurité incendie, ce qui lui confère le titre de pompier de niveau I, en plus de faire une attestation d'études collégiales (AEC) d'officier en sécurité incendie. Il est aussi reconnu comme technicien en matières dangereuses par le Centre nord-américain de formation en intervention d'urgence et comme instructeur en conduite préventive de chariot élévateur par l'Association sectorielle Transport Entreposage.

EXEMPLES DE FORMATIONS PERTINENTES ●
- DEC en environnement, hygiène et sécurité au travail
- AEC en santé, sécurité et prévention
- Certificat en santé et sécurité au travail
- Diplôme d'études supérieures en santé et sécurité au travail

ÉPIDÉMIOLOGISTE
pour un organisme public

MON TRAVAIL

Norman King est épidémiologiste pour le secteur environnement urbain et santé à la Direction de la santé publique de Montréal. «Je m'assure que les études scientifiques sur la santé publique soient comprises de la population et traduites en mesures de prévention.» Un de ses dossiers prioritaires concerne la qualité de l'air intérieur dans les habitations, les écoles et les hôpitaux de Montréal. Il peut, par exemple, accompagner un inspecteur municipal qui a détecté un problème de moisissures dans un édifice à logements. «Selon la quantité de logements touchés et les troubles respiratoires observés chez les locataires, l'inspecteur peut me demander de préparer un avis de santé publique. Cela appuiera ses démarches pour imposer des changements au propriétaire.» Pour préparer son avis, Norman se base sur des recherches qui traitent des effets de la moisissure sur la santé publique et des mesures à appliquer pour les prévenir.

L'épidémiologiste s'intéresse également à la qualité de l'air extérieur et son incidence sur les maladies respiratoires et cardio-vasculaires, par exemple. «Je suis informé des épisodes de **smog** par Environnement Canada et je réponds aux questions des médias pour renseigner la population sur les mesures à prendre afin de minimiser l'impact de cette pollution sur la santé.»

MA MOTIVATION

«J'aime vulgariser des concepts complexes dans le but de susciter des actions et de changer les choses», souligne Norman. Son intérêt pour l'environnement est aussi probant. «La population est sensibilisée à l'impact des problèmes environnementaux sur la santé, mais elle demeure confrontée à des changements climatiques qui provoquent des épisodes de chaleur accablante, et à une augmentation du nombre de véhicules, causant plus de pollution. Même si on fait des progrès, il reste toujours des problèmes de santé publique à régler.» Être rigoureux dans ses prises de position se révèle un défi stimulant. «Des parents pourraient, par exemple, exiger la fermeture d'une école parce qu'ils sont convaincus qu'elle présente un problème de moisissures. Si notre analyse démontre que ce n'est pas le cas, il faut le leur faire comprendre, même si nos conclusions leur déplaisent.»

MON PARCOURS

Norman est titulaire d'un baccalauréat en biochimie et d'une maîtrise en **épidémiologie** obtenus à l'Université McGill. Il a, entre autres, occupé des postes de coordonnateur en santé au travail pour un département de santé communautaire, et de conseiller syndical en santé au travail. Il occupe son emploi actuel depuis 1999.

● EXEMPLES DE FORMATIONS PERTINENTES

• Diplôme d'études supérieures spécialisées en toxicologie de l'environnement

• Maîtrise en épidémiologie

• Diplôme d'études supérieures en santé et sécurité au travail

MON CONSEIL

Le travail des épidémiologistes comporte deux orientations : la recherche, qui exige un esprit scientifique, et l'intervention publique, qui commande des habiletés pour la communication. Dans les deux cas, des qualités telles que la rigueur, une bonne capacité d'analyse et la compréhension de l'anglais pour la lecture de textes scientifiques sont de mise. 07/05

Les mots en caractères **gras** sont définis dans le glossaire (p. 100 à 102).

ÉVALUATEUR ENVIRONNEMENTAL DE SITE AGRÉÉ
dans une entreprise de services environnementaux

MON TRAVAIL

Technisol Environnement est une entreprise de services de consultation en environnement située à Longueuil. Dominic Bergeron y est responsable de projets. Son rôle? Faire l'évaluation environnementale de sites pour des clients des milieux municipal, commercial, industriel et institutionnel qui souhaitent notamment acheter un terrain ou en renouveler l'hypothèque.

Tout d'abord, Dominic effectue une recherche historique sur la propriété afin de savoir s'il y a déjà eu des problèmes environnementaux, comme un déversement de produits dangereux. Pour ce faire, il consulte des photographies aériennes du terrain, les régimes d'assurance de la propriété et certains documents comme des études environnementales qui peuvent être disponibles auprès de la municipalité ou du ministère du Développement durable, de l'Environnement et des Parcs. Il se rend ensuite sur place et interroge le propriétaire, notamment en ce qui a trait à la présence de produits dangereux. S'il y a des risques, comme l'existence de réservoirs de produits pétroliers, Dominic prélève des échantillons de sol et d'eau souterraine sur les lieux. L'analyse de ces échantillons lui permet de savoir si l'endroit est contaminé. Si tel est le cas, son entreprise va offrir un service de **réhabilitation des sols**. Enfin, il rédige pour son client un rapport contenant les résultats de son évaluation.

MA MOTIVATION

Dominic se dit stimulé par la rigueur que nécessite son travail. «Même si je prélève plusieurs échantillons sur un terrain, je ne peux en prélever à chaque mètre carré. Je dois donc bien interpréter les renseignements que j'ai en main pour arriver aux bonnes conclusions. C'est une grande responsabilité, car c'est notamment sur mon évaluation que repose la décision du client d'acheter ou non une propriété.» Dominic apprécie également de pouvoir travailler en équipe. «Je suis entouré d'ingénieurs, de géologues, de biologistes et de géographes. Nous combinons notre expérience et nos connaissances pour offrir les meilleurs services aux clients.»

MON PARCOURS

Dominic a obtenu un baccalauréat en génie mécanique à l'Université McGill et a fait un microprogramme de deuxième cycle en vérification environnementale à l'Université de Sherbrooke. Il a notamment été contremaître au traitement et coordonnateur environnemental pour un producteur de pâtes et papiers, de même que chargé de projets pour une autre entreprise de services environnementaux avant d'occuper son poste chez Technisol Environnement. Il est reconnu comme évaluateur environnemental de site agréé et vérificateur environnemental agréé par l'Association québécoise de vérification environnementale, dont il est le vice-président.

MON CONSEIL

L'évaluateur de site agréé doit posséder un bon esprit d'analyse pour bien interpréter les résultats de ses recherches, estime Dominic. Il doit également tenir à jour ses connaissances sur les nouvelles réglementations et sur les plus récentes techniques de décontamination des sols, notamment par la lecture de publications spécialisées. La rédaction des rapports d'évaluation exige aussi une excellente maîtrise du français et de l'anglais. 07/05

● EXEMPLE DE FORMATION PERTINENTE
• Microprogramme de deuxième cycle
  en vérification environnementale

Les mots en caractères gras sont définis dans le glossaire (p. 100 à 102).

GÉOLOGUE
dans une entreprise de services environnementaux

MON TRAVAIL

Tony Hawke est géologue chez Terrapex Environnement, une entreprise d'évaluation environnementale et de décontamination située à Longueuil. Son travail consiste à déterminer la nature et l'étendue de la contamination d'un site, à évaluer le coût de sa restauration et à procéder à celle-ci. Métaux lourds, **hydrocarbures** et solvants sont quelques-uns des polluants que l'on peut trouver sur des terrains contaminés.

Lorsque Tony est appelé sur un terrain, il commence par effectuer des forages. Puis, il observe la composition du sol, l'eau souterraine et le **socle rocheux**. Il établit ensuite les conditions environnementales des lieux en analysant les échantillons d'eau et de sol.

Pour procéder à la décontamination, son entreprise offre trois méthodes : creuser le sol et emporter la terre dans un centre de traitement de polluants, creuser le sol et traiter les polluants sur place ou encore traiter les polluants sans même **excaver**.

MA MOTIVATION

Selon Tony, la géologie n'est pas une science exacte. «C'est un mélange de données scientifiques, d'imagination et d'esprit de déduction! Par exemple, lorsque je travaille sur un site de 100 000 mètres carrés, je vais faire plusieurs forages de 20 centimètres de diamètre. Entre chaque trou, l'étendue de terre est immense. Pour établir les caractéristiques du terrain complet, je dois me baser sur des données scientifiques, mais aussi sur ma propre interprétation des faits. C'est intéressant de mélanger l'aspect scientifique et l'esprit de déduction pour compléter le casse-tête. C'est également un défi, car il ne faut pas se tromper.»

Le géologue est constamment appelé à travailler en équipe avec différents corps de métiers comme des ingénieurs, d'autres géologues, des biologistes, des chimistes, etc. «J'aime travailler en équipe. Nous pouvons avoir des opinions contraires, mais cela génère aussi un brassage d'idées qui nous permet d'aller plus loin.»

MON CONSEIL

«Le géologue doit sortir de son bureau et acquérir une expérience pratique sur les chantiers, souligne Tony. Il doit aussi avoir une véritable passion pour la Terre et la connaissance des processus qui ont mené à sa formation. Finalement, le géologue doit être créatif et avoir un bon esprit de déduction.» 07/05

MILIEUX DE TRAVAIL POTENTIELS

Fournisseurs de solutions et de services environnementaux

Organisations non gouvernementales

Organismes sans but lucratif

Secteur public

MON PARCOURS

Après avoir obtenu un baccalauréat en géologie à l'Université Concordia, Tony a notamment travaillé dans une entreprise d'exploitation minière au Yukon, puis dans une firme spécialisée en hydrogéologie située en Ontario. De retour au Québec, il a œuvré pour deux compagnies de décontamination de sites avant de lancer, avec son associé géologue Dominic Loschiavo, sa propre entreprise, Terrapex Environnement, dont il est aussi président.

EXEMPLES DE FORMATIONS PERTINENTES

• Baccalauréat en géologie

• Maîtrise en sciences de la Terre

HYDROGÉOLOGUE
dans un cabinet privé

**MILIEUX DE
TRAVAIL POTENTIELS**

Fournisseurs de
solutions et de services
environnementaux

Secteur industriel

Secteur public

MON TRAVAIL

Alexandre Boutin travaille dans les bureaux montréalais de Golder Associés, un chef de file mondial en matière de consultation environnementale. L'entreprise effectue notamment des travaux de **caractérisation** des eaux souterraines et de réhabilitation de sites contaminés pour des organismes publics, des municipalités et des compagnies comme les pétrolières.

En tant qu'hydrogéologue, Alexandre étudie l'écoulement des eaux souterraines des terrains appartenant aux différents clients de l'entreprise pour y détecter la présence de contaminants comme des hydrocarbures pétroliers. À partir de puits d'observation installés dans les trous de **forage**, il recueille des échantillons d'eau souterraine. Le liquide recueilli est envoyé dans un laboratoire pour être analysé par des chimistes qui détermineront la présence de contaminants et leur nature.

L'hydrogéologue étudie aussi la direction et la vitesse d'écoulement de l'eau souterraine en insérant une sonde dans ses puits d'observation. À l'aide d'outils informatiques, il reproduit les conditions observées sur le terrain et simule le transport des contaminants trouvés. Ces travaux aident à comprendre les caractéristiques de la source polluante et permettent de proposer aux clients de Golder des solutions efficaces de décontamination des sols et des eaux souterraines.

MA MOTIVATION

Alexandre est fier de participer à l'assainissement de l'environnement. Il aime aussi le défi qu'il a d'aider à trouver des solutions pour restaurer des eaux et des sols contaminés. Passionné de sciences, il apprécie que sa profession intègre à la fois des notions de chimie, de physique, de mathématique et de biologie.

L'aspect non routinier de son travail est selon lui un autre avantage. «Il n'y a pas deux sites pareils, les polluants et les caractéristiques des sources de contamination sont différents. Je repars donc toujours à neuf.» Comme une partie de son boulot s'effectue à l'extérieur, il n'est pas confiné dans un bureau.

MON PARCOURS

Alexandre a obtenu un baccalauréat en génie géologique à l'Université Laval, puis une maîtrise en sciences de la Terre avec spécialité en hydrogéologie à l'Institut national de la recherche scientifique (INRS). Durant ses études à l'Université Laval, il a fait des stages en géologie et en hydrogéologie, notamment à la Commission géologique du Canada. Après son passage à l'INRS, il a œuvré comme hydrogéologue pour une autre firme de consultants en environnement avant de décrocher son emploi actuel chez Golder.

MON CONSEIL

Le métier d'hydrogéologue commande évidemment un grand intérêt pour les sciences naturelles. Il nécessite aussi un bon esprit d'équipe et de coopération. Alexandre ne travaille jamais seul à un projet. Il est entouré de foreurs, de techniciens en environnement, d'ingénieurs, de géologues et de chimistes. «Il faut également de la rigueur et un bon sens de l'observation, car c'est souvent dans les petits détails de nos analyses qu'on trouve les réponses à nos questions.» 07/05

● **EXEMPLES DE FORMATIONS PERTINENTES**

• Baccalauréat en géologie
• Baccalauréat en génie géologique

Les mots en caractères gras sont définis dans le glossaire (p. 100 à 102).

HYGIÉNISTE DU TRAVAIL
dans un organisme public

MON TRAVAIL

Béryllium, isocyanate et amiante. Si les gens connaissent peu ces produits, il n'est cependant pas exclu qu'ils soient mis en contact avec l'un d'entre eux dans leur milieu de travail. Vérifier la présence de ces contaminants et prévenir leurs effets sur la santé des travailleurs, voilà la mission de Claude Huneault, hygiéniste du travail à la Direction de la santé publique de Montréal.

Pour y parvenir, Claude détermine d'abord quelles entreprises montréalaises sont susceptibles d'utiliser un procédé qui génère un contaminant tel que l'amiante ou le béryllium. Il cible notamment les ateliers d'usinage, les ateliers de carrosserie et les usines de construction de pièces d'avions.

Il envoie ensuite une équipe composée de techniciens en hygiène industrielle, de médecins et d'infirmières dans les entreprises concernées. Les techniciens en hygiène industrielle mesurent le niveau de contamination dans l'environnement de travail, alors que les médecins et les infirmières examinent les travailleurs et suivent l'évolution de leur état de santé sur une période déterminée. Claude analyse les données recueillies par cette équipe et trace un portrait de l'utilisation d'un contaminant et du risque qu'il représente pour la santé des travailleurs. Finalement, il rédige un rapport où il propose des solutions aux entreprises pour corriger la situation lorsque c'est nécessaire.

MA MOTIVATION

Claude aime bien travailler à l'amélioration de la santé publique des travailleurs. «L'analyse des données recueillies sur le terrain me permet d'avoir une vue d'ensemble de la problématique liée à un contaminant donné.»

Il apprécie également la mobilité que permet sa profession. «L'hygiéniste du travail peut évoluer dans une entreprise privée, dans le secteur public et il peut aussi agir à titre de consultant. Les tâches sont également variées puisque les procédés et les contaminants analysés sont différents d'un endroit à l'autre.»

MON CONSEIL

«L'hygiéniste du travail touche à plusieurs disciplines scientifiques. Il est donc important de posséder une formation en biologie, en chimie ou en ingénierie et d'avoir des connaissances générales en science, soutient Claude. Il est aussi conseillé d'obtenir une accréditation professionnelle en hygiène du travail décernée par le Conseil canadien d'agrément des hygiénistes du travail. Cette reconnaissance est de plus en plus exigée par les employeurs.» 07/05

MILIEUX DE TRAVAIL POTENTIELS

Fournisseurs de solutions et de services environnementaux

Secteur industriel

Secteur public

MON PARCOURS ●

Claude est titulaire d'un baccalauréat en biologie de l'Université de Montréal et d'une maîtrise en hygiène industrielle obtenue à l'Université McGill. Il a occupé des postes de représentant pharmaceutique chez Rougier Desbergers et d'hygiéniste industriel au Département de santé communautaire de l'Hôpital général de Montréal et au CLSC Côte-des-Neiges avant d'obtenir son emploi à la Direction de la santé publique de Montréal.

EXEMPLES DE FORMATIONS PERTINENTES ●
- Baccalauréat en ingénierie
- Baccalauréat en biologie
- Baccalauréat en chimie
- Baccalauréat en physique
- Diplôme d'études supérieures en santé et sécurité au travail

SUPERVISEURE MICROBIOLOGISTE
dans un laboratoire

MILIEUX DE TRAVAIL POTENTIELS

Fournisseur de solutions et de services environnementaux

Municipalités

Secteur public

MON TRAVAIL

Observer l'infiniment petit à l'aide d'un microscope fascine Vicky Dostie. Elle a la chance de vivre sa passion au quotidien à titre de superviseure microbiologiste chez Polylab Experts, une entreprise d'analyses environnementales située à Danville, en Estrie.

Chaque jour, elle effectue des analyses des échantillons pour déterminer si l'eau provenant des réseaux d'aqueduc municipaux de même que des puits privés (résidences ou terrains de camping) peut être consommée sans danger. Elle analyse également l'eau provenant de lacs et de rivières ouverts à la baignade ou aux sports nautiques et détermine s'il est recommandé ou non d'y plonger. Dans les deux cas (eau potable et eau de baignade), elle doit observer, mesurer et analyser la concentration de bactéries comme les **coliformes** et les **entérocoques**. «Je travaille avec de petits instruments de précision, par exemple des microscopes, loupes et pipettes. Je dois veiller à ne pas contaminer l'échantillon par mes manipulations.» À titre de superviseure, elle s'assure par ailleurs du respect de la norme internationale ISO/CEI 17025 qui certifie la qualité du travail effectué dans son laboratoire. Cela inclut, entre autres, le contrôle de la qualité de l'air et la **stérilisation** des surfaces (comptoirs, planchers) et des outils.

MA MOTIVATION

Vicky est motivée par son intérêt pour l'environnement et la santé publique. «J'assume la responsabilité de la qualité de l'eau potable que j'analyse. Je dois être consciente que ce que je fais est important pour la population, et qu'on compte sur moi. Quand je trouve des coliformes dans un échantillon d'eau, par exemple, je dois tout de suite avertir les municipalités concernées pour qu'elles puissent émettre l'avis d'ébullition de l'eau.» Très minutieuse et perfectionniste, Vicky aime aussi le travail de précision que commande la manipulation du matériel de laboratoire. «Une simple erreur de manipulation peut fausser les résultats, je dois être vigilante.»

MON PARCOURS

Vicky a obtenu un diplôme d'études collégiales (DEC) en techniques de santé animale au Collège de Sherbrooke avant de faire un baccalauréat en biologie avec spécialisation en microbiologie à l'Université de Sherbrooke. Elle a notamment travaillé comme microbiologiste pour une entreprise pharmaceutique avant d'être employée chez Polylab Experts. C'est elle qui a fondé le laboratoire de microbiologie de l'entreprise.

● EXEMPLES DE FORMATIONS PERTINENTES

- Baccalauréat en biologie
- Baccalauréat en microbiologie
- Baccalauréat en biochimie
- Baccalauréat en chimie
- Un diplôme d'études supérieures dans ces disciplines est parfois requis pour des emplois en recherche.

MON CONSEIL

Pour réussir dans ce métier, il faut faire preuve de minutie, avoir un excellent sens de l'observation et un bon esprit d'analyse. L'intérêt pour les sciences et la biologie est aussi recherché, ajoute Vicky. «Les stages et les emplois d'été dans le domaine constituent de belles expériences qui permettent aux élèves de vérifier s'ils s'engagent dans la bonne voie. Les visites de laboratoires peuvent aussi confirmer leur choix.» 06/05

Les mots en caractères **gras** sont définis dans le glossaire (p. 100 à 102).

TOXICOLOGUE
pour un groupe de recherche

MON TRAVAIL

Professeure associée à l'Université du Québec à Montréal (UQAM), Monique Boily est spécialisée en **écotoxicologie**, c'est-à-dire qu'elle s'intéresse aux effets de la pollution sur les organismes vivants. Elle met son expertise au service du TOXEN, le centre de recherche en toxicologie de l'environnement de l'UQAM. «Je travaille sur les effets des pesticides sur les grenouilles qui vivent en milieu agricole, dans le **bassin versant** de la rivière Yamaska, en Estrie et en Montérégie. Je coordonne une équipe multidisciplinaire de chercheurs.» Elle se charge notamment de trouver des subventions de recherche. Elle rédige les rapports et les articles scientifiques sur les résultats d'étude de son équipe. Monique rencontre également les agriculteurs de la Yamaska pour voir comment ils peuvent réduire la quantité des pesticides qui se déversent dans le cours d'eau, par exemple par l'aménagement des **berges** avec des plantes ou des arbres qui vont limiter l'érosion et l'apport de polluants dans l'eau.

Avec des étudiants à la maîtrise et au doctorat, la toxicologue effectue aussi de la recherche fondamentale en laboratoire sur les biomarqueurs. «Ce sont des outils qui permettent, par analyse de sang ou de certains tissus, de déterminer l'état de santé d'un animal.» La chercheuse utilise ces indicateurs, qui prennent la forme de changements moléculaires ou physiologiques, pour voir si un animal est contaminé par son environnement.

MA MOTIVATION

Un sentiment d'urgence anime Monique. «La détérioration de notre environnement est remarquable et il y a peu de mouvement pour changer quoi que ce soit. Plusieurs personnes disent que ça ne vaut pas le coup et qu'avec le réchauffement climatique ce sera la catastrophe. Je pense au contraire qu'il y a lieu de préserver ce qui reste et d'évaluer la dégradation de l'environnement pour apporter des éléments de solution.» Monique est fière de contribuer à changer les mentalités et les pratiques en milieu agricole. Elle apprécie également le fait de transmettre ses valeurs de protection de l'environnement à ses étudiants ainsi qu'à la communauté des chercheurs universitaires.

MON CONSEIL

La toxicologue soutient qu'il faut beaucoup de persévérance pour percer dans le milieu hautement compétitif de la recherche universitaire. «Il faut jouer du coude pour obtenir des subventions. Il y a un défi à long terme pour se faire reconnaître par ses pairs.» Elle ajoute qu'il est aussi important de savoir se tenir au courant des changements rapides et des découvertes qui surgissent dans le domaine scientifique. 06/05

MILIEUX DE TRAVAIL POTENTIELS

Centres de recherche

Municipalités

Secteur industriel

Secteur public

MON PARCOURS ●

Monique a fait sa scolarité universitaire à l'UQAM. Elle a obtenu un baccalauréat en écologie, suivi d'une maîtrise en biologie. Tout en menant des recherches en écotoxicologie pour divers organismes, elle a terminé un doctorat en sciences de l'environnement, puis un postdoctorat à partir d'une recherche du TOXEN sur les amphibiens. Ces études ont été soutenues par des bourses et des subventions de recherche.

EXEMPLES DE FORMATIONS PERTINENTES ●

- Baccalauréat et maîtrise en biologie
- Baccalauréat et diplôme de 2ᵉ cycle en écologie
- Diplôme d'études supérieures spécialisées en toxicologie de l'environnement
- Maîtrise en sciences de l'environnement
- Doctorat en sciences de l'environnement

Aménagement et cadre de vie

Quel est le meilleur endroit pour construire une route? Où devraient débuter les zones agricoles? Comment devrait-on exploiter la forêt? Trouver des réponses à ces questions en conciliant les besoins des gens et la protection de l'environnement occupe les travailleurs de ce sous-groupe au quotidien.

- Coordonnatrice aux travaux sylvicoles
- Inspecteur en environnement
- Technicienne en aménagement de milieux cynégétiques et halieutiques
- Agente des ressources pédologiques
- Agronome
- Conseillère en économie d'énergie
- Designer en environnement
- Géographe de l'environnement
- Ingénieure en ressources hydriques
- Ingénieure forestière
- Urbaniste

Photo : Comité sectoriel de main-d'œuvre de l'environnement

COORDONNATRICE AUX TRAVAUX SYLVICOLES
pour une entreprise forestière

MON TRAVAIL

Josée Althot travaille chez Kruger, une compagnie d'exploitation forestière. En tant que coordonnatrice aux travaux **sylvicoles**, elle supervise le travail d'une équipe de neuf techniciens en aménagement forestier. Ces derniers interviennent après le passage des bûcherons qui alimentent les scieries de l'entreprise situées sur la Côte-Nord. Ils font l'inventaire de la forêt en calculant la quantité d'arbres restants. Au quotidien, Josée indique aux techniciens les données forestières et écologiques dont elle a besoin, comme la composition des sols de même que l'âge, la qualité, la grosseur, la hauteur et la quantité des diverses essences d'arbres. Elle analyse ensuite ses données avant de les transmettre au ministère des Ressources naturelles et de la Faune, qui vérifie si la compagnie respecte bien les normes environnementales. Si, par exemple, elle s'aperçoit qu'une trop grande quantité d'arbres a été abattue sur un territoire, elle demande à l'entrepreneur qui a effectué la coupe d'appliquer un traitement de régénération. Cela consiste à labourer la terre avec une machinerie spéciale pour replanter certaines essences.

Grâce à un logiciel cartographique, Josée conçoit aussi des cartes géographiques pour que ses techniciens sachent où aller recueillir leurs données sur le vaste terrain des camps forestiers.

MA MOTIVATION

La coordonnatrice adore le contact avec la nature. Quitter son bureau de Ragueneau sur la Côte-Nord pour se rendre sur le terrain, à trois heures de route, dans les camps forestiers de Manic 5 et de Labrieville, représente pour elle une petite fête. «Quand je vais en forêt, je retrouve ma deuxième famille. Dans le camp, tout le monde vit dans des roulottes collées les unes aux autres. J'aime travailler près des gens et loin de tout en même temps.» Évoluer comme femme dans un milieu à prédominance masculine constitue un beau défi pour Josée. «Au début, mes collègues ne savaient pas trop comment se comporter parce qu'ils n'avaient pas l'habitude de travailler avec une femme. C'est moi qui devais aller vers eux. Maintenant, ils viennent à moi : je fais partie de leur équipe!»

MON PARCOURS

Josée possède un diplôme d'études collégiales (DEC) en technologie forestière au Cégep de Baie-Comeau. La compagnie Kruger qui l'avait accueillie en stage l'a engagée immédiatement après ses études. Comme elle souhaite accéder un jour au poste de directrice en aménagement forestier, elle s'est inscrite au baccalauréat en foresterie de l'Université de Moncton au Nouveau-Brunswick. Son employeur l'aide en payant 75 % de ses droits de scolarité.

● EXEMPLES DE FORMATIONS PERTINENTES

• DEC en technologie forestière
• DEC en techniques du milieu naturel :
  aménagement de la faune ou de la ressource forestière
• AEC en aménagement des ressources forestières
• AEC en gestion intégrée des ressources du milieu forestier

MON CONSEIL

Josée soutient qu'il faut une bonne endurance physique pour effectuer ce métier. «Et il ne faut pas avoir peur de marcher en forêt à des endroits quasiment inaccessibles. Cela n'a rien à voir avec une randonnée dans un sentier pédestre!» L'esprit d'équipe est aussi essentiel, car Josée et ses techniciens travaillent en collaboration avec les autres ouvriers forestiers. «Comme les séjours dans les camps s'étendent sur plus d'une semaine, il ne faut pas craindre non plus l'éloignement de ses proches.» 06/05

Les mots en caractères **gras** sont définis dans le glossaire (p. 100 à 102).

INSPECTEUR EN ENVIRONNEMENT
dans une municipalité

MON TRAVAIL

La qualité de l'environnement général des citoyens de Saint-Édouard, en Montérégie, c'est l'affaire de Véronic Vachon. La jeune femme occupe le poste d'inspecteur dans cette municipalité à caractère rural qui compte 1 100 habitants. Véronic reçoit les plaintes des citoyens sur des sujets de nuisance environnementale aussi variés que la présence d'un nid-de-poule sur une route ou le jappement d'un chien la nuit. Elle les note et tente d'y trouver des solutions. Ainsi, l'existence du nid-de-poule sera signalée à la voirie. Dans le cas d'une plainte concernant, par exemple, un citoyen qui entrepose des détritus sur son terrain, elle se rend plutôt sur les lieux pour émettre un avis d'infraction. Si la situation ne change pas, elle prend des photos de l'endroit et fait parvenir une mise en demeure au citoyen. Si rien ne bouge encore, elle rédige un dossier de constat d'infraction, qui est envoyé à la cour municipale. Véronic analyse également les demandes de permis pour la construction et la rénovation de bâtiments, l'installation de fosses septiques et l'implantation de commerces ou de résidences en zone agricole. Elle délivre les permis après s'être assurée que les projets sont conformes aux règlements municipaux. Une partie de son travail se déroule aussi sur les routes de la municipalité, qu'elle sillonne afin de constater, entre autres, l'état de la chaussée et des fossés et le bon fonctionnement des égouts.

MA MOTIVATION

Grâce à son travail, Véronic a l'impression de faire changer les choses pour le mieux. «Mon rôle est d'améliorer la qualité de vie des citoyens en leur procurant des services adéquats et en protégeant l'environnement. Par exemple, le déversement des eaux usées dans les ruisseaux est une pratique courante en zone rurale, mais c'est pourtant illégal. Les lois qui permettent de préserver l'environnement me servent aussi d'outils pour faire comprendre aux citoyens la raison de mes interventions.» Travailler à l'extérieur est un bel avantage du métier, souligne Véronic. «C'est agréable de partir avec ma voiture faire ma tournée d'inspection. Je suis en contact avec la nature et les gens me saluent au passage!»

MON CONSEIL

Selon Véronic, un bon inspecteur sait se faire respecter tout en appliquant la loi. «Ce n'est pas toujours facile, je dois discuter avec les gens pour bien comprendre leur situation. Mais je ne dois être ni trop dure ni trop conciliante, pour ne pas perdre ma crédibilité.» 07/05

MILIEUX DE TRAVAIL POTENTIELS

Municipalités

Secteur industriel

Secteur public

MON PARCOURS ●

Véronic est titulaire d'un diplôme d'études collégiales (DEC) en techniques d'aménagement et d'urbanisme du Collège de Rosemont. Durant sa formation, elle a effectué un stage à la municipalité de Saint-Édouard, où elle a ensuite été embauchée.

EXEMPLES DE FORMATIONS PERTINENTES ●

- DEC en techniques d'aménagement et d'urbanisme
- Baccalauréat en génie civil
- Baccalauréat en géographie
- Baccalauréat en urbanisme

TECHNICIENNE EN AMÉNAGEMENT DE MILIEUX CYNÉGÉTIQUES ET HALIEUTIQUES
sur un territoire de conservation

MILIEUX DE TRAVAIL POTENTIELS

Secteur public
(réserves écologiques)

MON TRAVAIL

Niché au cœur de la région de Chaudière-Appalaches, le territoire de conservation Les Sentiers pédestres des 3 Monts de Coleraine s'étend sur plus de 860 hectares et offre 30 kilomètres de sentiers pédestres avec hébergement. Technicienne en aménagement de **milieux cynégétiques et halieutiques** et responsable du programme éducatif, Anne-Marie Pratte s'occupe de l'aménagement du territoire et informe les visiteurs sur la faune, la flore et la géologie. Dans le cadre du volet éducatif de son travail, elle a conçu un programme qui comporte notamment des panneaux d'interprétation de la faune, de la flore et de la géologie disséminés sur le territoire. Elle élabore aussi des visites guidées adaptées à des clientèles spécifiques comme les personnes âgées ou encore les élèves du primaire et du secondaire.

En ce qui concerne l'aménagement du territoire, Anne-Marie peut, par exemple, participer à la création d'un sentier. Elle décide de son emplacement en fonction de différents critères comme la beauté du paysage et l'accessibilité, et indique sur le terrain le parcours à suivre avec des drapeaux. Elle défriche ensuite le chemin avec une scie mécanique et réutilise le bois coupé pour construire elle-même les infrastructures du sentier, des marches et des trottoirs notamment.

MA MOTIVATION

Le travail d'Anne-Marie lui permet de combiner son intérêt pour la protection de l'environnement avec son goût pour l'activité physique en plein air. «Je dois souvent me déplacer dans des lieux qui ne sont pas faciles d'accès. Il faut marcher, escalader, utiliser une chaloupe. C'est un travail très physique, mais j'aime me dépenser! J'aime aussi travailler à l'extérieur, cela me procure un grand sentiment de liberté. Mon métier me permet donc de joindre l'utile à l'agréable, car j'estime qu'il est important de pouvoir exploiter le territoire tout en assurant sa protection.»

MON PARCOURS

Anne-Marie a obtenu un diplôme d'études collégiales (DEC) en techniques d'aménagement cynégétique et halieutique du Cégep de Baie-Comeau. Elle a œuvré comme technicienne en aménagement cynégétique et halieutique à la zone d'exploitation contrôlée, ou ZEC, des Nymphes dans la région de Lanaudière avant d'occuper son poste aux Sentiers pédestres des 3 Monts de Coleraine.

MON CONSEIL

En début de carrière, le technicien travaille souvent à forfait. «Il réalise des tâches différentes, ce qui lui permet de multiplier ses expériences de travail. D'ailleurs, dans ce domaine, l'apprentissage est perpétuel et on doit constamment parfaire ses connaissances, par exemple, en suivant des cours de canot ou en s'informant sur les quotas de chasse et de pêche. Le technicien doit également faire preuve de débrouillardise, car il est généralement peu encadré. Enfin, il faut se montrer polyvalent et savoir aussi bien manier l'ordinateur que la scie mécanique!» 07/05

● **EXEMPLE DE FORMATION PERTINENTE**

• DEC en techniques d'aménagement cynégétique et halieutique

Les mots en caractères gras sont définis dans le glossaire (p. 100 à 102).

AGENTE DES RESSOURCES PÉDOLOGIQUES
pour un organisme public

MON TRAVAIL
De la même façon que la botanique s'intéresse aux différents végétaux, la pédologie étudie les divers types de sols : leur appellation, leur composition et leurs caractéristiques. Parmi les gens qui analysent les sols afin d'aider, entre autres, les agriculteurs et les agronomes à maximiser le rendement de la terre, on compte Lucie Grenon. Elle est agente des ressources pédologiques pour Agriculture et Agroalimentaire Canada à Sainte-Foy.

Son travail consiste à concevoir la cartographie des sols en milieux agricoles, particulièrement en Montérégie. Pour ce faire, elle observe les cartes topographiques des terrains agricoles et des photographies aériennes prises en **stéréoscopie** pour faire ressortir le relief des sols. Avec ces éléments de départ, elle construit à la main une première carte dans laquelle elle détermine les courbes de niveau des différentes couches de sols. Elle se rend ensuite sur le terrain afin de vérifier la justesse de sa reproduction sur carte. Elle y recueille des données supplémentaires sur les caractéristiques des sols concernés et décrit sur un ordinateur portatif s'il s'agit, par exemple, de sols argileux ou sablonneux. Lucie recueille également un échantillon qui sera analysé par un technicien en laboratoire pour définir sa teneur en minéraux comme le potassium et le carbone. Tous ces nouveaux renseignements servent à tracer sa carte des sols qui sera publiée dans des rapports pédologiques vendus aux agriculteurs par l'organisme fédéral.

MA MOTIVATION
Lucie est une des premières femmes pédologues au pays. Elle y voit un défi de se dépasser pour prouver que les femmes peuvent très bien réussir dans le domaine. «J'aime penser que j'ai contribué à ouvrir le chemin à d'autres femmes qui voulaient exercer cette profession.»

Elle est aussi stimulée par sa passion pour les sols. «J'aime identifier les sols, c'est un peu comme mener une enquête pour trouver leur identité.» Elle apprécie également l'idée que son travail permet une meilleure utilisation des terres en agriculture.

MON CONSEIL
La pédologue souligne que son travail est parfois ardu lors des visites de terres agricoles en été, en raison du soleil et des moustiques. Ceux qui s'intéressent au métier doivent donc avoir une bonne résistance physique pour travailler à l'extérieur durant de longues heures. «Il faut aussi être capable de s'adapter rapidement aux nouvelles technologies, qui sont en constante évolution dans ce domaine, par exemple les systèmes numériques de positionnement géographique.» 07/05

MILIEUX DE TRAVAIL POTENTIELS
Secteur industriel
Secteur public

MON PARCOURS ●
Lucie a obtenu un baccalauréat en bioagronomie avec spécialisation en sols et plantes (un programme remplacé par le baccalauréat en agronomie) à l'Université Laval. Elle a notamment enseigné en horticulture à l'Institut de technologie agroalimentaire de La Pocatière et a assisté des chercheurs en physique des sols au Centre de recherche et de développement sur les sols et les grandes cultures de Sainte-Foy, avant de décrocher son poste actuel.

EXEMPLES DE FORMATIONS PERTINENTES ●
- Baccalauréat en agronomie
- Baccalauréat en biologie
- Baccalauréat en géologie
- Maîtrise en sciences de la Terre

AGRONOME
pour un club-conseil en agroenvironnement

MILIEUX DE TRAVAIL POTENTIELS

Fournisseurs de solutions et de services environnementaux

Organisations non gouvernementales

Organismes sans but lucratif

Secteur public

MON TRAVAIL

Membre de l'Ordre des agronomes du Québec, Marie-Anne Langevin est conseillère en agroenvironnement pour le Club Agri-Action de la Montérégie. L'organisme regroupe 35 producteurs de lait, de moutons, de porcs et de grandes cultures. Marie-Anne les aide à assurer une bonne gestion de leurs champs en se basant sur la diminution de l'utilisation des engrais minéraux et des pesticides, la conservation des sols et la protection des cours d'eau. Ses tâches varient selon les saisons. En hiver, elle rend visite aux agriculteurs pour dresser le bilan de la saison précédente et planifier la suivante. «Nous déterminons les volumes de foin et de maïs nécessaires pour nourrir le troupeau. Nous choisissons le type de fertilisation adaptée à chaque champ et préparons la rotation des cultures à court et à long termes. Nous évaluons aussi la quantité de fumier que produira le troupeau, et déterminons dans quel champ et à quel moment il sera épandu, pour que les normes environnementales soient respectées», explique l'agronome.

Au printemps et en été, Marie-Anne s'affaire surtout à l'extérieur. Elle parcourt à pied les champs des producteurs, tantôt pour y recueillir des échantillons de sol à des fins d'analyse, tantôt pour observer les semis et les plants afin de vérifier leur croissance et de détecter d'éventuelles maladies, herbes ou insectes indésirables. Elle propose aussi aux agriculteurs des tests sur le terrain, qu'elle est en mesure de superviser. Par exemple, elle peut suggérer de diviser un champ de maïs en trois sections pour comparer le développement des plants dans un sol auquel on ajoute différentes quantités d'azote.

MA MOTIVATION

Au cégep, Marie-Anne a consulté un conseiller d'orientation qui l'a aiguillée vers l'agronomie. «Un dépliant m'a révélé que ce métier englobait tout ce qui m'intéressait, c'est-à-dire la biologie appliquée, la nature et l'environnement.» Aujourd'hui, ce qu'elle apprécie par-dessus tout dans son travail est le contact humain. Elle tisse en effet des liens avec les producteurs et leur famille, en partageant de longues heures avec eux.

MON PARCOURS

Marie-Anne a obtenu son baccalauréat en agronomie (spécialisation végétale) à l'Université Laval. Pendant ses études, elle a effectué des stages dont le dernier, chez un fournisseur d'engrais, de semences et de pesticides, s'est transformé en emploi de représentante. Elle a occupé ce poste pendant un an avant de décrocher son emploi au Club Agri-Action.

● EXEMPLES DE FORMATIONS PERTINENTES

• Baccalauréat en agronomie

• Maîtrise en sols et environnement

MON CONSEIL

Pour gérer simultanément les dossiers de 35 agriculteurs, un bon sens de l'organisation est de rigueur. L'esprit investigateur est également nécessaire pour cerner des problèmes et y apporter des solutions. Par exemple, lorsqu'un champ produit moins qu'auparavant, il faut en déterminer la cause et rectifier le tir. «Il faut aussi s'adapter aux caprices de la nature [sécheresse, pluies abondantes, infestation d'insectes] et changer de stratégie quand cela devient nécessaire.» 07/05

Les mots en caractères **gras** sont définis dans le glossaire (p. 100 à 102).

CONSEILLÈRE EN ÉCONOMIE D'ÉNERGIE
pour un organisme sans but lucratif

MON TRAVAIL

Aider les gens à réduire leur facture d'électricité est la principale tâche de Myriam Bélanger, conseillère en économie d'énergie chez Équiterre, un organisme sans but lucratif à vocation écologique et équitable. Accompagnée d'un technicien, elle visite chaque jour trois logis de la région de Montréal, généralement habités par des gens à revenus modestes. «Pendant une heure et demie, je m'assois avec eux et je discute de leurs habitudes de consommation d'énergie. On regarde ensemble leur facture d'électricité et je m'assure qu'ils la comprennent bien. Je peux aussi leur expliquer comment bien utiliser leur thermostat, par exemple en réduisant la température lorsqu'ils sont absents.»

Sur place, Myriam propose aussi des solutions d'efficacité énergétique, notamment le calfeutrage des fenêtres en hiver ou l'installation d'une pomme de douche à débit réduit. Le technicien qui l'accompagne effectue d'ailleurs les menus travaux nécessaires. Elle prodigue également certains conseils comme celui d'éteindre les lumières dans les pièces inoccupées. De retour au bureau, Myriam assure le suivi des appels des gens qui demandent une rencontre. Elle complète aussi ses dossiers en compilant toutes les données recueillies sur les habitudes de consommation d'énergie des foyers visités.

MA MOTIVATION

Avoir le sentiment de poser des gestes concrets pour préserver l'environnement : voilà ce qui stimule Myriam dans son travail. «J'aime penser que c'est un peu grâce à mes visites si les gens sont plus conscients de l'importance de l'économie d'énergie.»

Elle aime aussi les rencontres et la variété des contacts. Myriam doit ajuster ses propos selon la clientèle. Elle se rend parfois chez des immigrants qui parlent très peu le français ou même l'anglais, chez des personnes âgées plus réticentes à ouvrir leur porte à des inconnus, chez de jeunes familles ou chez des étudiants. «Il n'y a pas deux visites pareilles, note-t-elle. Je dois adapter mon message en fonction de ce que les gens sont en mesure de comprendre. C'est un beau défi!»

MON CONSEIL

Une formation spécialisée dans le domaine de l'environnement est une bonne façon de faire sa place dans le métier, estime Myriam. Les stages et le bénévolat se révèlent aussi des expériences qui permettent le développement des aptitudes sociales. «Il faut beaucoup d'entregent dans ce travail.» De bonnes capacités d'analyse et de jugement sont aussi recherchées pour repérer rapidement les problèmes (manque d'isolation, humidité) et trouver les solutions adaptées. 06/05

MILIEUX DE TRAVAIL POTENTIELS

Municipalités

Organismes sans but lucratif

Secteur industriel

Secteur public

MON PARCOURS ●

Myriam a fait un baccalauréat en sciences de l'environnement à l'Université McGill. Elle a d'abord occupé un emploi d'adjointe de recherche pour un laboratoire d'écologie. Elle a ensuite travaillé chez Équiterre à titre de bénévole pour le programme d'efficacité énergétique avant d'y décrocher un poste.

EXEMPLES DE FORMATIONS PERTINENTES ●

- Baccalauréat en génie civil
- Baccalauréat en génie mécanique
- Diplôme universitaire lié au domaine de l'environnement

DESIGNER EN ENVIRONNEMENT
pour son compte

MILIEUX DE TRAVAIL POTENTIELS

Fournisseurs de solutions et de services environnementaux

Municipalités

Secteur public

MON TRAVAIL

Michel Bergeron est passé maître dans la construction d'habitations écologiques. Ce designer montréalais est en fait le précurseur de l'écodesign au Québec, une approche visant l'utilisation efficace des ressources naturelles dans la construction de bâtiments en minimisant les impacts sur l'environnement.

«Mon travail commence par une rencontre avec mes clients pour évaluer la faisabilité de la maison qu'ils ont en tête, explique Michel. On évalue ensuite les ressources dont ils disposent, le financement disponible et la main-d'œuvre nécessaire. Puis, je dessine les plans architecturaux de la maison, j'aide à trouver les entrepreneurs et je supervise la progression du chantier.»

Dans ses constructions, Michel favorise l'utilisation de matériaux produits localement, afin de contribuer à réduire le transport et, donc, les émissions de gaz à effet de serre. Il propose toujours des appareils de plomberie (toilettes, douches) à débit réduit pour économiser l'eau. Il récupère, sur d'autres chantiers de construction, des éléments inutilisés comme des portes, des fenêtres, des briques et des lattes de bois pour bâtir ses habitations écologiques. Il utilise aussi des ballots de paille comme isolant. Ces déchets de la production de céréales constituent une ressource renouvelable et que l'on peut se procurer à peu de frais. Solidifiés à l'aide d'une structure en bois et recouverts de crépi, ils forment des murs épais qui se révèlent très performants pour protéger les occupants contre le froid et la chaleur.

MA MOTIVATION

La passion de Michel pour les habitations écologiques vient de son enfance, alors qu'il s'amusait à construire des cabanes avec des restants de bois. Aujourd'hui, il aime aussi son travail pour les contacts avec ses clients. «Les échanges sont toujours gratifiants. Ce sont généralement des gens qui ont à cœur la protection de l'environnement.» La diffusion de l'information au sujet des habitations écologiques et la sensibilisation du public pour ce type de construction demeure toutefois un défi. «Il reste beaucoup à accomplir pour faire connaître ces méthodes de construction.»

MON PARCOURS

Michel est titulaire d'un baccalauréat en design industriel de l'Université de Montréal. Il a aussi suivi quelques cours en architecture, sans toutefois obtenir de diplôme dans cette discipline. Consultant en habitat écologique depuis le début de sa carrière, il a supervisé la construction de plusieurs habitations écologiques un peu partout au Québec. Il est aussi l'un des fondateurs de l'organisme sans but lucratif Archibio, voué à la promotion de l'architecture écologique.

MON CONSEIL

Selon Michel, pour se tailler une place dans le domaine de l'écodesign, il faut d'abord faire preuve d'un grand intérêt pour l'environnement. Un esprit fonceur et la volonté de sortir des sentiers battus sont aussi essentiels, puisque ce secteur d'activité demeure relativement nouveau. Chaque projet étant élaboré en fonction du client, une bonne capacité d'analyse et d'adaptation de même qu'une facilité à communiquer ses idées sont par ailleurs primordiales. 07/05

EXEMPLES DE FORMATIONS PERTINENTES
- Baccalauréat en architecture
- Baccalauréat en design de l'environnement
- Baccalauréat en urbanisme

Les mots en caractères **gras** sont définis dans le glossaire (p. 100 à 102).

GÉOGRAPHE DE L'ENVIRONNEMENT
pour une firme d'ingénierie

MON TRAVAIL

Le Groupe Teknika HBA est une firme de génie-conseil située à Sherbrooke. En tant que géographe, Daniel Bossé réalise des études pour évaluer les impacts environnementaux des projets de l'entreprise, par exemple, le prolongement d'une autoroute ou la construction de tours à copropriétés. Daniel étudie d'abord les caractéristiques du terrain où l'on envisage la construction à l'aide de cartes géographiques informatisées. Il recueille ainsi des renseignements sur la composition du sol, les espèces d'arbres que l'on trouve dans les boisés, la présence de **milieux humides** et d'espèces susceptibles d'être menacées ou en voie de disparition. Puis, il quitte son ordinateur pour aller faire une cueillette de données sur le terrain. Sac à l'épaule et bottes de marche aux pieds, il parcourt les lieux pour s'assurer que les données figurant sur les cartes sont exactes. Il peut aussi prendre des échantillons de plantes, d'eau et de sol à des fins d'analyse. De retour à son ordinateur, Daniel met les données à jour. Ensuite, il établit les effets négatifs du projet de construction sur l'environnement, comme la disparition de milieux naturels, et propose aux clients (architectes, compagnie immobilière) des pistes de solution pour en atténuer les impacts. Par exemple, si des espèces protégées, comme l'ail des bois, sont menacées par la construction d'un complexe résidentiel, il peut suggérer que l'on déplace les plantes à un endroit adjacent.

MA MOTIVATION

«C'est mon rôle de convaincre un client de l'importance de protéger la nature. Par exemple, un promoteur a déjà voulu construire un complexe résidentiel en asséchant un ruisseau qui passait sur les terrains qu'il avait acquis. Nous lui avons proposé un aménagement où les maisons seraient plutôt bâties en bordure de ce ruisseau, et il a accepté. Par contre, dans un autre cas, le client n'a pas voulu garder les érables centenaires sur son terrain. J'ai donc pour défi de continuer mon travail en trouvant un équilibre entre mon côté émotif, qui veut protéger le milieu, et mon côté rationnel, qui connaît la réglementation et qui sait que les érables centenaires ne sont pas menacés d'extinction.»

MON CONSEIL

«Si un jeune s'intéresse au travail en environnement, il devrait confirmer son choix de carrière assez tôt, pense Daniel. Il pourrait accepter, par exemple, des emplois en horticulture ou en agriculture pour se familiariser avec un milieu de travail qui compose avec la faune, la flore et la météo.» Il ajoute que les géographes de l'environnement doivent s'attendre à maintenir leurs connaissances technologiques à jour à l'aide d'Internet ou de magazines spécialisés. 07/05

MILIEUX DE TRAVAIL POTENTIELS

Fournisseurs de solutions et de services environnementaux

Secteur industriel

Secteur public

MON PARCOURS ●

Daniel a fait un baccalauréat en géographie à l'Université de Sherbrooke. Après ses études, il a travaillé pour cette institution à titre de chargé de cours en géographie, puis d'assistant de recherche en biologie. Il a aussi occupé un poste de chargé de projets débutant dans une entreprise de gestion de la faune avant d'avoir son emploi au Groupe Teknika HBA. Il est également directeur adjoint aux opérations à temps partiel chez Hydro Météo, une entreprise de gestion d'inondations et d'embâcles.

EXEMPLE DE FORMATION PERTINENTE ●

• Baccalauréat en géographie

INGÉNIEURE EN RESSOURCES HYDRIQUES
pour une firme d'ingénierie

MILIEUX DE TRAVAIL POTENTIELS

Fournisseurs de solutions et de services environnementaux

Municipalités

Organisations non gouvernementales

Secteur public

MON TRAVAIL

Fournir de l'eau potable à un village du tiers-monde exige autant des habiletés techniques que de la compassion. Ce mélange de savoirs passionne Geneviève Brin, ingénieure en ressources hydriques pour le secteur Ressources et environnement de la firme Tecsult de Montréal, spécialisée dans la construction d'ouvrages d'ingénierie. Le travail de cette conceptrice de petits barrages et de canaux d'**adduction** d'eau commence par une visite de une à trois semaines dans le pays visé. Là-bas, elle repère le meilleur emplacement pour la construction des ouvrages. Elle passe aussi de nombreuses heures à parler avec les partenaires locaux – des ingénieurs, des élus et des entrepreneurs – pour saisir leurs besoins et soumettre les solutions techniques les mieux adaptées à la situation. De retour au Québec, elle définit les dimensions de l'ouvrage à bâtir et détermine les matériaux à utiliser. Elle coordonne ensuite le travail des dessinateurs qui tracent les plans des infrastructures à installer à partir des données recueillies sur le terrain et de celles obtenues par images satellites. Lorsque les plans sont prêts, elle retourne généralement dans le pays pendant quelques semaines en vue de suivre la construction de l'ouvrage. Elle en profite pour donner des sessions d'information aux villageois afin de leur apprendre à bien gérer l'utilisation de l'eau et à entretenir adéquatement les nouveaux équipements.

MA MOTIVATION

Ce n'est pas d'hier que Geneviève participe à des projets de coopération internationale. Élève au secondaire, elle a notamment aidé à reconstruire un camp de jeunes en Espagne. «C'est pour moi une manière concrète d'aider les plus démunis. Et je me suis toujours intéressée à l'eau, qui est une ressource essentielle à tous.» Geneviève aime le défi que représente son travail : elle doit trouver des idées pour canaliser, filtrer et rendre utilisables les **eaux de ruissellement** des rivières et des cours d'eau temporaires, créés à la suite de pluies abondantes. Les solutions qu'elle apporte doivent retenir l'eau pendant plusieurs mois et ainsi aider au renouvellement de la végétation et des écosystèmes.

MON PARCOURS

Geneviève est titulaire d'un baccalauréat en génie civil obtenu à l'École Polytechnique de Montréal. Elle a ensuite fait une maîtrise en gestion de la ressource hydrique et de l'environnement au Massachusetts Institute of Technology de Boston. Durant ses études, elle a travaillé à l'implantation d'un système d'eau potable dans un village en Haïti. Elle a été embauchée par Tecsult immédiatement après avoir terminé sa maîtrise.

MON CONSEIL

En coopération internationale, l'ouverture d'esprit est essentielle, puisque les chantiers réunissent des travailleurs provenant de divers pays. «C'est important de comprendre les différences culturelles et de s'y adapter.» Puisque son métier d'ingénieure en ressources hydriques l'amène à voyager, Geneviève considère qu'il est indispensable de posséder une certaine disponibilité pour les déplacements et de l'intérêt pour la découverte de peuples différents. 06/05

Les mots en caractères **gras** sont définis dans le glossaire (p. 100 à 102).

● EXEMPLE DE FORMATION PERTINENTE

• Baccalauréat en génie civil

INGÉNIEURE FORESTIÈRE
pour une entreprise forestière

MON TRAVAIL

Julie Dubois est ingénieure forestière pour le fabricant de bois, de papier et de carton Kruger. À titre de coordonnatrice en aménagement, foresterie durable et environnement, elle suit de près les activités forestières visant à approvisionner les usines de **bois d'œuvre** de la compagnie situées en Abitibi, en Mauricie et sur la Côte-Nord. Julie vérifie que les entrepreneurs qui effectuent les travaux forestiers pour Kruger respectent les normes de qualité auxquelles la compagnie est assujettie. Ces normes certifient que l'entreprise minimise l'impact de ses activités sur l'environnement et qu'elle assure la pérennité de la ressource forestière. À partir de son bureau de Trois-Rivières, l'ingénieure communique avec les entrepreneurs pour leur faire part des exigences légales et des engagements de l'entreprise en matière environnementale. «Je leur demande, par exemple, de me fournir la preuve qu'ils disposent convenablement des huiles usées de leur machinerie.» Chaque semaine, elle analyse aussi des rapports sur les activités qui se déroulent sur le terrain. «Ces données portent autant sur la construction de chemins forestiers que sur la récolte du bois. Je suis informée de tout ce qui pourrait toucher l'environnement, je vais même savoir si quelqu'un a laissé traîner les restes de son lunch dans le bois!» En cas de faute, elle communique avec l'entrepreneur afin de s'assurer que cela ne se reproduira plus.

MA MOTIVATION

Julie apprécie le travail d'équipe autour de la protection de l'environnement. Elle dirige une table de concertation regroupant les personnes concernées par les activités de Kruger dont des pêcheurs, des chasseurs, des résidents et des communautés autochtones. «Nous déterminons ensemble les façons de protéger la ressource. Par exemple, si certains jugent primordial de préserver une **frayère**, Kruger peut accepter d'établir sa traverse de cours d'eau à 100 mètres de distance.» Julie aime ce contact avec les différents intervenants. «Je dois fréquemment participer à la présentation des plans de récolte aux organismes et citoyens établis à proximité des zones d'exploitation forestière. J'aime aussi découvrir les différentes régions du Québec.»

MON CONSEIL

Julie reconnaît qu'il peut parfois être difficile d'affronter l'opinion publique qui juge durement les entreprises forestières. «Mais il faut être persévérant pour réussir dans ce métier et être capable d'affronter les critiques, parce qu'on travaille véritablement à la préservation de la forêt.» L'esprit scientifique est aussi un atout. «Le fait d'être rigoureuse et méthodique est utile pour colliger et gérer l'information relative aux exigences des normes de certification environnementale et d'aménagement forestier durable.» 06/05

MILIEUX DE TRAVAIL POTENTIELS

Secteur industriel
(Entreprises forestières)

Secteur public

MON PARCOURS ●

Julie a obtenu un baccalauréat en aménagement et environnement forestiers, un programme qui donne accès à l'Ordre des ingénieurs forestiers du Québec, avant de poursuivre à la maîtrise en sciences forestières à l'Université Laval. Après ses études, elle a travaillé à deux projets de recherche sur des coupes expérimentales de bois pour le Centre d'enseignement et de recherche en foresterie de Sainte-Foy. Elle a aussi monté un système informatique de cartographie et géomatique pour une agence forestière avant d'être embauchée par Kruger.

EXEMPLES DE FORMATIONS PERTINENTES ●

- Baccalauréat en aménagement et environnement forestiers
- Baccalauréat en génie du bois

URBANISTE
dans une firme d'urbanisme

MILIEUX DE TRAVAIL POTENTIELS

Fournisseurs de solutions et de services environnementaux

Municipalités

Secteur industriel

Secteur public

MON TRAVAIL

L'urbanisme est synonyme d'aménagement urbain, mais la protection de l'environnement en fait aussi partie, notamment lorsqu'il s'agit de mener des **études d'impact** pour évaluer l'intégration de futurs bâtiments dans un environnement naturel. En somme, l'urbaniste doit souvent concilier les intérêts du développement avec ceux de l'écologie.

Martine Peyton est urbaniste chez Fahey et Associés à Montréal. Cette firme d'urbanistes et d'architectes paysagistes emploie une vingtaine de personnes.

Martine travaille dans les secteurs commercial et résidentiel, en collaboration avec les municipalités où les projets doivent se réaliser, tant à Montréal qu'en périphérie ou en région. «Mes tâches consistent surtout à vérifier la réglementation applicable aux projets, indique-t-elle. Pour des résidences, par exemple, s'il y a un boisé sur l'emplacement prévu, que doit-on faire pour le protéger? En développement commercial, il faut tenir compte des normes d'aménagement paysager. Par exemple, une ville peut obliger un promoteur à respecter un pourcentage d'espaces verts.»

MA MOTIVATION

D'abord intéressée par l'architecture, Martine a choisi de se spécialiser en urbanisme pour l'aspect social de cette profession. «Je suis toujours en contact avec les représentants de la municipalité, avec mes clients [promoteurs et municipalités] et la population. Je peux, par exemple, participer aux comités des plans d'urbanisme des municipalités.» Le travail se fait habituellement en équipe, notamment avec des ingénieurs et des architectes, que ce soit à l'intérieur ou à l'extérieur du bureau (visites sur le terrain).

Intermédiaire entre l'administration municipale et les promoteurs, Martine apprécie son rôle d'arbitre, qui s'appuie sur une connaissance approfondie de la réglementation. «Il faut savoir communiquer et avoir un bon sens de l'écoute, soutient-elle. Un promoteur et les citoyens n'ont pas nécessairement les mêmes attentes; il s'agit de trouver un équilibre.»

MON PARCOURS

Après un baccalauréat en urbanisme obtenu à l'Université du Québec à Montréal, Martine a décroché une maîtrise en aménagement, option montage et gestion de projets d'aménagement, à l'Université de Montréal. Le baccalauréat est jalonné de stages, et la profession est réglementée par un ordre professionnel qui impose aussi un stage, ce qui favorise l'intégration au marché du travail.

MON CONSEIL

«L'urbanisme n'est pas un milieu très connu, affirme Martine. Il y a pourtant de nombreuses possibilités d'emploi et on peut œuvrer dans différents milieux [municipalités, firmes privées, protection du patrimoine]. L'aspirant urbaniste ne devra pas hésiter à frapper à toutes les portes. Par ailleurs, comme ce milieu est assez restreint au Québec, il faut cultiver ses contacts et ne pas hésiter à participer à des activités, des conférences, par exemple.» 07/05

● EXEMPLES DE FORMATIONS PERTINENTES

• Baccalauréat ou maîtrise en urbanisme

Les mots en caractères **gras** sont définis dans le glossaire (p. 100 à 102).

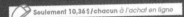

Photo : Patrick Deslandes

Environnement et société

Travailler en environnement, c'est aussi éduquer, conseiller, coordonner, bref, voir à ce que des problèmes comme le réchauffement climatique ou encore le déclin des milieux humides trouvent leur solution dans les comportements responsables des citoyens, des gouvernements et des entreprises.

- Représentant technico-commercial de biens environnementaux
- Technicienne en gestion intégrée de l'environnement
- Avocat spécialisé en environnement
- Chargée de projets environnementaux communautaires
- Coordonnateur institutionnel en environnement
- Éco-conseillère
- Économiste de l'environnement
- Éducateur en environnement
- Spécialiste des communications en environnement
- Vérificateur en environnement
- Vulgarisatrice scientifique en environnement

Pages 88 à 98 →

formation collégiale

REPRÉSENTANT TECHNICO-COMMERCIAL DE BIENS ENVIRONNEMENTAUX
pour une entreprise spécialisée dans le traitement de l'eau

MILIEUX DE TRAVAIL POTENTIELS

Fournisseurs de solutions et de services environnementaux

Secteur industriel

Secteur public

MON TRAVAIL

Denis Gariépy a développé une bonne expertise pour établir des relations d'affaires. Il est représentant technico-commercial pour la compagnie John Meunier, un fabricant d'appareils de traitement des eaux industrielles et municipales situé dans l'arrondissement Saint-Laurent de Montréal. Sa principale tâche consiste à intéresser de nouveaux clients aux produits de l'entreprise. Pour ce faire, il contacte des clients potentiels, comme des usines de pâtes et papiers ou de transformation alimentaire. «Je leur parle de notre entreprise, et je leur demande si je peux les visiter pour leur présenter nos produits.»

«Quand je visite une entreprise, j'explique comment on peut travailler ensemble pour résoudre ses problèmes.» Lorsqu'une usine de pâtes et papiers rejette trop de phosphore dans les égouts, par exemple, Denis peut lui proposer un équipement qui vise à corriger la situation en analysant en continu la composition des eaux usées. Denis passe trois ou quatre jours par semaine sur la route. Le reste du temps, il travaille à son bureau afin de préparer ses dossiers et de se documenter sur les nouveaux produits offerts. Par exemple, on trouve maintenant sur le marché un système optique qui mesure le taux d'oxygène dissous dans l'eau.

MA MOTIVATION

De nature sociable, Denis aime son travail parce qu'il lui permet de rencontrer beaucoup de gens. Il apprécie également le fait de se déplacer et d'organiser librement son horaire et ses visites chez les clients. «Je n'aime pas travailler entre quatre murs.» Les objectifs de performance liés à son travail le motivent aussi énormément. «À titre de représentant, je dois rencontrer le maximum de clients pour maintenir une croissance soutenue du chiffre d'affaires de l'entreprise. C'est une façon de garantir mon emploi et de me dépasser.» L'importance de mettre à jour ses connaissances sur les différentes technologies en matière d'**assainissement** de l'eau représente un autre défi pour lui. «Avec les produits que nous vendons, il est possible d'analyser plus d'une centaine de paramètres chimiques, physiques ou biologiques de l'eau», souligne Denis. Il est donc important de savoir de quoi on parle!

MON PARCOURS

Denis a obtenu un diplôme d'études collégiales (DEC) en assainissement de l'eau au Cégep de Saint-Laurent, le seul établissement à offrir cette formation. Il a été opérateur en assainissement de l'eau dans une usine d'eau potable, technicien dans un laboratoire, puis responsable du traitement de l'eau dans une usine de fabrication automobile avant de décrocher son premier emploi de représentant. Il travaille chez John Meunier depuis 2000.

MON CONSEIL

Avoir de l'entregent et une facilité à communiquer ses idées sont des qualités importantes pour réussir une carrière de représentant technico-commercial. «Si l'on veut convaincre les clients que nos produits représentent la meilleure solution à leurs problèmes, il faut démontrer de l'assurance et projeter une image de confiance.» 06/05

● EXEMPLES DE FORMATIONS PERTINENTES

- DEC en assainissement de l'eau
- Baccalauréat en génie civil
- Baccalauréat en génie chimique
- Baccalauréat en génie mécanique
- Diplôme de deuxième cycle en environnement

Les mots en caractères **gras** sont définis dans le glossaire (p. 100 à 102).

TECHNICIENNE EN GESTION INTÉGRÉE DE L'ENVIRONNEMENT
dans une MRC

MON TRAVAIL

Selon la Politique québécoise de gestion des **matières résiduelles**, à partir de 2008, 65 % des matières résiduelles devront trouver un autre chemin que celui du site d'enfouissement. Sophie Lafrance, chargée de projet sur le territoire de la municipalité régionale de comté (MRC) des Jardins de Napierville (qui regroupe 11 municipalités de la Montérégie) contribue quotidiennement à l'atteinte de cet objectif.

Les matières résiduelles, ce sont, par exemple, le contenu des poubelles, les vieux vêtements, les piles usées, le gazon coupé, les solvants, la peinture, l'acide et les bonbonnes de propane. En tant que responsable du plan de gestion des matières résiduelles, Sophie met en place des moyens qui donneront à ces déchets une seconde vie. Elle contacte plusieurs entreprises spécialisées dans la **collecte sélective** de matières recyclables ou l'aménagement de points de dépôt de matières dangereuses. Elle se renseigne sur les coûts d'exploitation et sur le type de collaboration possible entre ces entreprises et la MRC. Puis, elle informe le conseil des maires de la MRC des services offerts par les différentes entreprises. Le conseil choisit celles qui proposent les meilleurs services et se charge de la signature des contrats d'entente. Sophie a ensuite la tâche d'informer la population des nouveaux services mis en place, notamment en contactant les journaux ou la radio locale.

MA MOTIVATION

«Je suis très consciente de l'effet néfaste de l'activité humaine sur l'environnement. Je crois que chacun d'entre nous a l'obligation d'agir pour sa sauvegarde. Je peux agir en tant qu'individu, mais j'ai aussi la chance de le faire grâce à mon travail.» Selon Sophie, la population est de plus en plus sensibilisée à la question de l'environnement. «C'est stimulant de voir que les choses avancent. Quand un citoyen m'appelle en me demandant ce qu'il doit faire avec des solvants qu'il a chez lui et qu'il ne veut pas jeter à la poubelle, c'est un net progrès!»

MON CONSEIL

Lorsque Sophie a fait ses premiers pas sur le marché du travail, elle pensait pouvoir réaliser de grandes choses pour l'environnement. «Je me suis vite rendu compte que j'étais loin de la réalité, car on rencontre de la résistance face au changement. Mais cela ne doit pas nous empêcher de continuer à avancer, car c'est peu à peu qu'on change les choses. Il faut aussi savoir convaincre les gens et les conscientiser avec une approche informative positive plutôt que de les culpabiliser.» 07/05

MILIEUX DE TRAVAIL POTENTIELS

Fournisseurs de solutions et de services environnementaux

Municipalités

Secteur public

MON PARCOURS ●

Sophie est titulaire d'un certificat en sciences de l'environnement de l'Université du Québec à Montréal (UQAM) et d'une attestation d'études collégiales (AEC) en gestion environnementale du Collège de Rosemont. Elle a aussi suivi un programme court de deuxième cycle en éducation relative à l'environnement à l'UQAM. Avant d'occuper son poste actuel, elle a été conseillère pour la firme Laro Environnement, et elle a supervisé la formation de spécialistes en environnement au Vietnam. En 2005, elle terminait un programme de deuxième cycle en gestion de l'environnement à l'Université de Sherbrooke.

EXEMPLES DE FORMATIONS PERTINENTES ●

- DEC en techniques d'aménagement cynégétique et halieutique
- DEC en techniques du milieu naturel
- AEC en gestion intégrée des ressources du milieu forestier
- AEC en gestion environnementale
- Diplôme universitaire lié au domaine de l'environnement

AVOCAT SPÉCIALISÉ EN ENVIRONNEMENT
dans un cabinet privé

MILIEUX DE TRAVAIL POTENTIELS

Cabinets d'avocats

Municipalités

Organismes sans but lucratif

Secteur industriel

Secteur public

MON TRAVAIL

Au 45ᵉ étage de la Tour de la Bourse de Montréal, on trouve le bureau de Jean-François Girard, biologiste et avocat spécialisé en droit de l'environnement pour la firme Dufresne Hébert Comeau, Avocats. Il intervient auprès de clients tels des municipalités, des organismes publics et des organismes de conservation de **milieux naturels**. Une partie de son travail consiste à rendre des avis juridiques. Une municipalité qui désire empêcher la construction de résidences dans une zone humide, par exemple, peut demander ses services pour savoir comment faire valoir ses droits devant le promoteur immobilier. Jean-François analyse la problématique de son client en fonction, notamment, des lois environnementales, des règlements municipaux et de la **jurisprudence**, et lui envoie sa réponse par écrit. Il rédige également des ententes sur la protection de milieux naturels. Il peut s'agir, par exemple, d'une entente entre un organisme de conservation de la nature et un particulier dont le terrain abrite des milieux boisés, et qui définit les obligations de préservation de cet environnement.

Dans le cas de dossiers litigieux, comme une municipalité qui poursuit un pollueur, l'avocat négocie avec la partie adverse afin de trouver une entente, généralement hors cour, qui saura satisfaire les deux parties.

MA MOTIVATION

Pour Jean-François, le droit est un outil qui permet de poser des gestes concrets pour protéger l'environnement. «Si le Code de la route nous force à arrêter à un feu rouge, j'estime que les lois environnementales peuvent aussi influencer et modifier notre comportement. Il faut se dépêcher d'agir, car il y a péril en la demeure. C'est cette urgence qui me motive à travailler pour atténuer, voire éviter, les impacts négatifs sur l'environnement.» L'avocat tire une grande satisfaction de ses bons coups. «Chaque fois que deux parties signent une entente de conservation de milieux naturels, je suis fier. Même si ce n'est qu'un petit territoire qui est alors protégé, cela reste un grand pas pour l'environnement.»

MON PARCOURS

Jean-François a obtenu un baccalauréat en biologie à l'Université du Québec à Montréal. Il a fait son baccalauréat en droit à l'Université de Montréal et a été admis au Barreau du Québec l'année suivante. Il a occupé le poste de responsable du secteur conservation et biodiversité au Centre québécois du droit de l'environnement (CQDE) avant d'obtenir son emploi chez Dufresne Hébert Comeau, Avocats. Il est également président du conseil d'administration du CQDE.

● EXEMPLES DE FORMATIONS PERTINENTES

• Baccalauréat en droit

• Diplôme universitaire en lien avec l'environnement

MON CONSEIL

Selon Jean-François, le métier d'avocat appelle un engagement envers une cause. «Les jeunes intéressés par cette profession devraient d'abord déterminer la problématique sur laquelle ils veulent agir et aller suivre une formation en lien avec cette cause avant de poursuivre leurs études en droit.» Il ajoute que la rigueur est une qualité essentielle pour réussir dans ce domaine où les responsabilités sont grandes. Un dossier peut impliquer des sommes considérables et des enjeux importants, comme la protection d'un site unique. 06/05

Les mots en caractères **gras** sont définis dans le glossaire (p. 100 à 102).

CHARGÉE DE PROJETS ENVIRONNEMENTAUX COMMUNAUTAIRES
dans un organisme sans but lucratif

MON TRAVAIL

Biologiste de formation, Caroline Cormier œuvre chez Nature-Action Québec, un organisme sans but lucratif (OSBL) de mise en valeur et de préservation de sites naturels, surtout actif en Montérégie. «Je prépare les demandes de subvention faites aux gouvernements et aux fondations privées pour nos projets de protection des **milieux naturels**.» Elle mobilise aussi des organismes communautaires et des militants pour participer à des projets comme le réaménagement d'une **berge** par la plantation d'arbustes et de plantes ou l'installation de panneaux d'interprétation dans un sentier pédestre.

Une autre partie de son travail se déroule sur le terrain. «Au mont Rougemont, par exemple, j'effectue des **inventaires** pour la **caractérisation** écologique de territoires. Je rencontre aussi des propriétaires établis sur la montagne pour leur expliquer ce qu'on peut faire ensemble pour protéger les milieux naturels qui se trouvent sur leur terrain.» En collaboration avec des propriétaires, Nature-Action Québec réaménage notamment des sentiers afin d'empêcher des randonneurs de marcher dans certaines zones de la montagne.

MA MOTIVATION

Caroline se sent investie d'une mission. «En Montérégie, la construction résidentielle et l'expansion agricole affectent de plus en plus les milieux naturels. Les milieux boisés n'y représentent plus que 15 % du territoire. Compte tenu que 90 % des propriétés sont privées et que le gouvernement n'achètera pas de terrains pour en faire des parcs, il y a beaucoup de travail à faire pour inciter les propriétaires à s'investir eux-mêmes dans la protection des milieux naturels.» Elle apprécie aussi l'autonomie dont elle jouit en montant elle-même ses projets. L'esprit d'équipe qui règne dans son milieu de travail la stimule également. «L'organisme compte une quinzaine de chargés de projets : géographes, architectes paysagistes, techniciens de la faune, spécialistes de la comptabilité. Nous avons tous une formation et des expériences différentes et on s'entraide.»

MON CONSEIL

Les OSBL dépendent de subventions gouvernementales, et les emplois y sont souvent précaires, précise Caroline. L'avantage de cette insécurité d'emploi, en revanche, c'est la possibilité de butiner d'un travail à l'autre. «C'est en essayant différentes choses que l'on peut découvrir ce que l'on aime.» Elle a débuté avec des contrats de deux ou trois mois, notamment à la Société des établissements de plein air du Québec (SEPAQ) et à la Coopérative fédérée du Québec. «Petit à petit, j'ai réussi à obtenir un emploi satisfaisant.» 07/05

MILIEUX DE TRAVAIL POTENTIELS

Organisations non gouvernementales

Organismes sans but lucratif

Secteur public

MON PARCOURS ●

Caroline a fait un baccalauréat en biologie avec spécialisation en écologie avant d'obtenir une maîtrise en environnement à l'Université de Sherbrooke. Durant ses études, elle s'est impliquée auprès de l'organisme Écologie sans frontière, ce qui lui a permis de réaliser un stage international à Madagascar pour l'évaluation environnementale d'une technologie de four à briques d'argile. Elle a été engagée par Nature-Action Québec en 2001.

EXEMPLES DE FORMATIONS PERTINENTES ●

- DEC en techniques d'aménagement cynégétique et halieutique
- DEC en techniques d'écologie appliquée
- DEC en techniques du milieu naturel
- AEC en coordination de l'environnement
- Baccalauréat en biologie
- Diplôme universitaire lié au domaine de l'environnement

COORDONNATEUR INSTITUTIONNEL EN ENVIRONNEMENT
dans un établissement d'enseignement

MILIEUX DE TRAVAIL POTENTIELS

Municipalités

Secteur public

MON TRAVAIL

Pascal Labonté a créé son propre emploi au Collège de Rosemont. Passionné d'environnement, ce technologue en génie civil a en effet convaincu l'institution de concevoir un poste englobant la coordination des activités de gestion environnementale ainsi que la sensibilisation des élèves et du personnel.

Seul spécialiste de l'environnement au collège, il multiplie les initiatives. «La gestion environnementale, ce sont les "trois R" : réduction, réutilisation et récupération. Grâce à mes interventions, il y a plus de bacs de récupération que de poubelles dans le collège! Je développe aussi des activités selon différentes thématiques, comme la Journée mondiale de l'eau, la consommation responsable et le commerce équitable.» En juin, lorsque la Féria du vélo bat son plein à Montréal, Pascal profite de ce festival instigateur du Tour de l'Île à bicyclette pour réaliser des activités de sensibilisation au transport écologique. Il est aussi l'animateur du Comité environnemental étudiant vers l'an vert au Collège de Rosemont. Ce groupe formé d'élèves développe des activités comme l'Enviro-bazar, un genre de marché où l'on vend des objets dont le collège ne veut plus (livres, mobilier) pour financer d'autres projets écologiques.

MA MOTIVATION

«Je me considère comme un éternel étudiant de cégep!» ironise Pascal. Plus sérieusement, il adore ce milieu de travail dans lequel il souhaite élargir son champ d'intervention toujours davantage. «Je veux inscrire l'environnement dans la pédagogie des enseignants.» Il en a l'occasion puisque, depuis février 2005, un concours intercollégial, *Pédagogie-environnement*, permet aux élèves de développer des projets axés sur l'environnement dans le cadre de leurs cours et de leurs activités parascolaires. Il n'hésite pas à agir comme personne-ressource dans ce contexte.

Pascal apprécie particulièrement son contact avec les élèves. «Mon défi, c'est le développement d'une culture environnementale dans le collège. Je dois arriver à inculquer aux jeunes de bonnes habitudes de respect de l'environnement qu'ils continueront à suivre à l'université ou dans leur milieu de travail.»

MON PARCOURS

Après avoir obtenu son diplôme d'études collégiales (DEC) en technologie du génie civil au Cégep Montmorency, Pascal a fait un certificat en sciences de l'environnement à l'Université du Québec à Montréal (UQAM). Il a poursuivi à l'attestation d'études collégiales (AEC) en performance environnementale des organisations au Collège de Rosemont, juste avant d'y être embauché. Parallèlement, il a aussi suivi un programme court de deuxième cycle en éducation relative à l'environnement à l'UQAM.

MON CONSEIL

Pascal ne jure que par le réseautage. «Pour percer dans ce domaine, il faut participer aux événements organisés par les divers groupes en environnement et s'impliquer.» Le jeune homme a siégé à plusieurs conseils d'administration, notamment celui d'ENvironnement JEUnesse (ENJEU). «C'est un peu grâce à mon engagement bénévole et à mon militantisme que j'ai développé mon poste en milieu collégial.» 06/05

Les mots en caractères **gras** sont définis dans le glossaire (p. 100 à 102).

● EXEMPLES DE FORMATIONS PERTINENTES

- DEC en environnement, hygiène et sécurité au travail
- AEC en coordination de l'environnement
- AEC en gestion environnementale
- Certificat en sciences de l'environnement

ÉCO-CONSEILLÈRE
pour un détaillant d'alimentation

MON TRAVAIL

La profession d'éco-conseiller, apparue au début des années 1990 en Europe, commence à s'implanter au Québec. L'éco-conseiller planifie et met en application des projets de développement durable. Il propose des solutions à des problèmes environnementaux en travaillant avec divers intervenants : gouvernements, entreprises et citoyens. Jessica Kuzniac exerce la profession pour les magasins d'alimentation écologiques Corneau Cantin. Dans son bureau de Chicoutimi, elle orchestre des actions concrètes pour sensibiliser les clients, les employés et les fournisseurs à la protection de l'environnement. «Je travaille notamment à réduire la quantité d'emballages en trouvant des solutions de rechange comme l'utilisation de sacs de **polyéthylène** en remplacement des sacs de plastique.» Elle favorise aussi une meilleure gestion des déchets. Elle a, par exemple, fait installer un conteneur pour récupérer le carton dans chacune des trois épiceries, établies à Saguenay et à Québec.

Avec les employés, l'éco-conseillère cherche également des solutions écologiques pour disposer des huiles de cuisson provenant des aliments cuisinés par l'entreprise. Pour les clients, Jessica organise des journées de promotion du compostage et des produits équitables. Elle souligne aussi le jour de la Terre, avec des ateliers sur la protection de la nature. Elle incite également les fournisseurs à acheter des fruits et des légumes produits par des agriculteurs biologiques.

MA MOTIVATION

«Je suis sensible à la conservation de l'environnement depuis que je suis toute petite, confie Jessica. Ça me plaît de changer les comportements des gens sans leur imposer mes idées.» Elle aime le contact avec les clients : échanger avec eux et recevoir leurs suggestions lui permet d'avancer dans son travail. Constater qu'un nombre grandissant de citoyens font des choix de consommation écologiques est aussi une source de motivation. «Entendre les clients dire que l'environnement c'est important, et me faire questionner par les employés qui veulent rendre les épiceries encore plus vertes, ça m'indique que mon travail porte ses fruits.»

MON CONSEIL

Jessica constate que son métier demande une grande ouverture d'esprit. «Il faut être à l'écoute des idées des autres et accepter leurs critiques.» L'éco-conseillère favorise la méthode douce. Pas question pour elle de mettre le poing sur la table et de juger l'indifférence de certains clients face à la protection de l'environnement. «Il est important de laisser les gens se faire une idée à leur rythme.» 06/05

MILIEUX DE TRAVAIL POTENTIELS

Fournisseurs de solutions et de services environnementaux

Municipalités

Organisations non gouvernementales

Organismes sans but lucratif

Secteur public

MON PARCOURS

Jessica possède une maîtrise en environnement de l'Université de Provence à Marseille qui lui confère le titre d'ingénieure maître en environnement. Au Québec, elle a par la suite obtenu un diplôme d'études supérieures spécialisées (DESS) en éco-conseil à l'Université du Québec à Chicoutimi. Elle a été engagée par les épiceries Corneau Cantin immédiatement après l'obtention de son DESS.

EXEMPLES DE FORMATIONS PERTINENTES ●

- Diplôme d'études supérieures spécialisées en éco-conseil
- Diplôme de deuxième cycle en environnement

ÉCONOMISTE DE L'ENVIRONNEMENT
pour un groupe de recherche

MON TRAVAIL

Faire des choix plus éclairés en matière d'environnement est un des objectifs poursuivis par Philippe Barla. Il est économiste de l'environnement et directeur du Groupe de recherche en économie de l'énergie, de l'environnement et des ressources naturelles (GREEN) du Département d'économique de l'Université Laval. Les responsabilités de Philippe varient selon les dossiers. Avec d'autres chercheurs du GREEN, il peut, par exemple, faire l'analyse des coûts et des bénéfices liés à l'application d'une nouvelle mesure environnementale. Récemment, il a agi comme conseiller pour le ministère des Pêches et des Océans du Canada. «Nous devions trouver une façon de mettre une valeur monétaire sur la protection des mammifères marins dans l'estuaire du Saint-Laurent.» Il a aussi participé à une étude de Recyc-Québec pour le développement du recyclage. «En gros, il s'agissait de trouver des moyens pour réduire la quantité de déchets émis par les ménages, et leur faire prendre conscience que chaque fois qu'ils mettent quelque chose à la poubelle, un coût y est associé.»

Le directeur du GREEN développe aussi les activités du groupe de recherche. «J'essaie de trouver du financement et de recruter des étudiants intéressés à travailler à nos projets d'étude.»

MA MOTIVATION

Pour Philippe, les questions environnementales sont extrêmement importantes. «De nombreux indicateurs semblent suggérer que notre mode de développement n'est pas durable. Des actions doivent donc être prises pour changer les choses, si on veut que nos enfants aient un avenir.»

Aider des organismes environnementaux ou des ministères à faire des choix écologiques qui en valent la peine est également stimulant pour Philippe. «Nos besoins de société sont pratiquement illimités, mais nos moyens financiers, eux, sont limités. Toute décision a un coût. L'argent investi pour essayer de réduire les décès liés à la pollution, par exemple, c'est de l'argent qu'on ne mettra pas pour tenter de diminuer la mortalité sur les routes. Il faut donc faire les choix les plus rationnels possible.»

MON CONSEIL

Pour œuvrer dans ce domaine, il faut d'abord s'intéresser aux questions environnementales et au développement durable. Une solide formation en mathématiques et en statistique se révèle aussi incontournable, indique Philippe, d'autant plus que cette discipline demande d'estimer les gains financiers d'activités non commerciales, comme la réduction du taux de crises d'asthme dans la population. 06/05

MON PARCOURS

Philippe est titulaire d'un baccalauréat en sciences économiques de l'Université de Liège en Belgique de même que d'une maîtrise et d'un doctorat en science économique de l'Université Cornell aux États-Unis. Il a occupé les postes d'attaché de recherche au Département d'économique de l'Université de Liège et d'assistant d'enseignement au Département d'économique de l'Université Cornell avant d'enseigner l'économie à l'Université Laval. Il est aussi directeur du GREEN depuis 2002.

● EXEMPLES DE FORMATIONS PERTINENTES
- Baccalauréat en économie
- Diplôme de deuxième cycle en environnement
- Maîtrise en sciences économiques

Les mots en caractères **gras** sont définis dans le glossaire (p. 100 à 102).

ÉDUCATEUR EN ENVIRONNEMENT
pour un organisme sans but lucratif

MON TRAVAIL

Jean-Michel Villanove est éducateur en environnement pour le Centre de la montagne, un organisme voué à la mise en valeur et à la préservation du mont Royal, situé au cœur de Montréal. Son travail consiste à organiser des visites scolaires, à éduquer les visiteurs sur l'écosystème de la montagne et à les sensibiliser à l'importance de la conservation de cet espace vert dans l'environnement urbain.

Avec des élèves du primaire, il orchestre des jeux en forêt et il fait des randonnées dans les sentiers pédestres avec observation des animaux et des plantes sauvages. Pour des étudiants universitaires, il coordonne la logistique de colloques scientifiques portant sur l'écosystème de la montagne. L'hiver, il fournit l'équipement pour les randonnées en raquettes et en skis de fond. L'été, il organise une série de visites qui font découvrir d'autres facettes de la montagne. Par exemple, il suit le cours d'eau qui traverse le mont Royal jusqu'au Vieux-Port et parle des transformations qu'il a subies du XVIIe siècle à aujourd'hui. «Je donne aux visiteurs de l'information historique, culturelle et environnementale qui démontre l'importance de la montagne pour la qualité de vie de Montréal.»

Jean-Michel organise également la Corvée du mont Royal qui se déroule tous les printemps depuis 15 ans. «Je recrute les bénévoles, je vois à la sécurité et à la préparation du matériel et des directives pour la plantation des arbres et le ramassage des déchets.»

MA MOTIVATION

L'éducateur apprécie son environnement de travail. «J'ai le privilège de travailler en pleine nature tout en étant au centre-ville. Il y a beaucoup de boulot à faire pour mettre en valeur ce territoire boisé et je suis fier de participer à sa préservation. C'est motivant, malgré les limites financières de notre organisation sans but lucratif.» Au quotidien, Jean-Michel savoure la diversité de son travail. Un jour, il accompagne en forêt un groupe d'enfants de la prématernelle, un autre il planifie le travail de planteurs d'arbres bénévoles. La tâche n'est jamais identique.

MON CONSEIL

«L'éducateur en environnement doit avoir des habiletés de communication et un bagage de connaissances en écologie, en géologie et en sciences naturelles, estime Jean-Michel. Il faut savoir vulgariser l'information et répondre à des questions simples d'enfants autant qu'à des interrogations pointues de spécialistes.»

06/05

MILIEUX DE TRAVAIL POTENTIELS

Municipalités

Organisations non gouvernementales

Organismes sans but lucratif

Secteur public

MON PARCOURS ●

Jean-Michel est titulaire d'une maîtrise appliquée en sciences de la Terre amorcée à l'Université Bordeaux 1 en France, puis terminée à l'École Polytechnique de Montréal. Il a aussi obtenu un diplôme d'études supérieures spécialisées (DESS) en géosciences appliquées aux environnements urbains, ruraux, littoraux et côtiers de l'Université Bordeaux 1. Il a occupé en France des postes d'éducateur en environnement et d'ingénieur en géologie avant de s'établir au Québec et de décrocher son emploi au Centre de la montagne.

EXEMPLES DE FORMATIONS PERTINENTES ●

- DEC en techniques d'écologie appliquée
- DEC en techniques du milieu naturel
- Baccalauréat en biologie
- Diplôme universitaire lié au domaine de l'environnement

SPÉCIALISTE DES COMMUNICATIONS EN ENVIRONNEMENT
pour son compte

MON TRAVAIL

MILIEUX DE TRAVAIL POTENTIELS

Agences de publicité

Médias

Organisations non gouvernementales

Organismes sans but lucratif

Secteur public

Sophie-Anne Legendre communique sa passion pour l'environnement à travers différents médias : radio, presse écrite et télé. «J'anime et je coréalise l'émission radiophonique *Delirium Environnemental*, un magazine d'actualités en environnement, sur les ondes de CHOQ.FM radio UQAM et de CIBL. Je participe aussi à la mise à jour d'une revue de presse hebdomadaire sur les dernières nouvelles en environnement, qui est diffusée dans le site Internet de l'émission. En 2005, j'ai été chroniqueuse à l'émission télé de Radio-Canada *C'est dans l'air*. J'y ai abordé différents thèmes dont l'influence de la pollution sur la fertilité humaine. Je collabore également au journal *Métro*, à titre d'**éditorialiste**.»

Pour être au fait de l'actualité environnementale, Sophie-Anne lit beaucoup de journaux et de rapports d'études scientifiques. «J'analyse cette information et je réalise des entrevues avec divers experts : des biologistes, des économistes de l'environnement, des scientifiques, des politiciens, etc. Par exemple, en février 2005, avec l'équipe de *Delirium Environnemental*, j'ai réalisé une émission spéciale à la veille de la mise en œuvre du protocole de Kyoto. Un porte-parole de Greenpeace Canada a notamment commenté les objectifs de Kyoto et la participation du Canada. J'ai également interviewé un professeur en économie de l'environnement sur les enjeux économiques du protocole pour les pays signataires.»

MA MOTIVATION

«Sentir que je contribue à bâtir un monde meilleur, voilà ce qui me stimule, avoue Sophie-Anne. Quand les auditeurs de *Delirium Environnemental* nous disent que l'émission leur permet de mieux comprendre les enjeux environnementaux, c'est encourageant!» Au quotidien, elle a le défi de demeurer rigoureuse. «Je dois être attentive, par exemple, à la façon dont on utilise les résultats de sondages sur l'environnement. Je dois savoir comment on a posé la question, à qui et à quel moment. Bref, je garde un regard critique sur l'information.»

MON PARCOURS

Sophie-Anne est titulaire d'un baccalauréat en communication de l'Université de Montréal de même que d'une maîtrise en sciences de l'environnement obtenue à l'Université du Québec à Montréal (UQAM). C'est durant ses études à l'UQAM qu'elle a lancé l'émission *Delirium Environnemental* avec cinq autres étudiants. En plus de ses collaborations dans les médias, elle est chercheuse associée au groupe Cinbiose, un centre de recherche sur les interactions entre la santé et l'environnement.

MON CONSEIL

Un bon communicateur en environnement doit replacer l'information dans son contexte et présenter la nouvelle de manière originale, soutient Sophie-Anne. Bien suivre ses dossiers est un autre mot d'ordre. «Cela pose des défis, car je cumule de l'information sur plusieurs dossiers, comme les organismes génétiquement modifiés ou le réchauffement climatique. Pour garder le fil, je dois donc être méthodique et bien organisée.» 07/05

● EXEMPLES DE FORMATIONS PERTINENTES

• Baccalauréat en administration des affaires (marketing)

• Baccalauréat en communication

• Diplôme de deuxième cycle en environnement

Les mots en caractères gras sont définis dans le glossaire (p. 100 à 102).

VÉRIFICATEUR EN ENVIRONNEMENT
pour son compte

MON TRAVAIL
Aider les entreprises manufacturières à réduire leur pollution, tel est le mandat de Denis Sirois. Il est vérificateur en environnement agréé et travaille à titre de consultant pour ce qu'on appelle des organismes registraires, c'est-à-dire des organismes que le Conseil canadien des normes reconnaît comme aptes à faire respecter les normes environnementales. Denis peut, par exemple, contribuer à l'implantation de la **norme ISO 14001** dans une entreprise. Pour ce faire, il rencontre la direction en vue d'établir une politique de gestion environnementale. Il passe alors au crible l'ensemble des activités de l'entreprise. «Dans une entreprise manufacturière qui fabrique des chaises, par exemple, je fais le tour des secteurs de production pour voir quel pourrait être l'impact de leurs activités sur l'environnement.» Il porte son attention sur la nature des matériaux utilisés et sur la présence de produits dangereux, comme les peintures et les solvants. «Je m'intéresse à la façon dont l'entreprise traite ces contaminants potentiels. J'intègre aussi des procédures plus écologiques, comme le recyclage des morceaux de bois inutilisés.» Il agit également à titre de formateur; il renseigne les travailleurs sur les nouvelles procédures, les lois et les règlements concernant la manipulation de produits dangereux. Il arrive enfin qu'une entreprise fasse appel à lui pour qu'il réalise un **audit** sur le fonctionnement de son système de gestion environnementale.

MA MOTIVATION
«J'apprécie le contact avec les gens et les visites dans les différentes usines, souligne Denis. Cela me permet d'acquérir une connaissance générale des activités manufacturières. J'ai aussi à cœur de réduire la pollution. J'ai des valeurs morales en ce sens et j'essaie d'aider les entreprises qui le veulent bien à améliorer leurs performances pour minimiser leur impact sur l'environnement.» Il tient aussi à son statut de travailleur autonome, qui lui donne la liberté de gérer son horaire et de se garder du temps pour remplir ses fonctions de directeur général de l'Association québécoise de vérification environnementale.

MON CONSEIL
Selon Denis, il est primordial de maintenir ses connaissances à jour pour bien réussir en vérification environnementale. «Les nouvelles technologies, les normes, les réglementations et les exigences en matière d'environnement changent rapidement. Les gouvernements font beaucoup de modifications.» La participation à des colloques et à des conférences sur le sujet est recommandée. 06/05

MILIEUX DE TRAVAIL POTENTIELS
Municipalités
Secteur industriel
Secteur public

MON PARCOURS ●
Denis est titulaire d'un baccalauréat en administration de l'Université du Québec à Montréal et d'un diplôme de deuxième cycle en gestion de l'environnement de l'Université de Sherbrooke. Il a notamment été conseiller en performance environnementale pour Hydro-Québec avant de travailler à son compte comme vérificateur et de devenir directeur général de l'Association québécoise de vérification environnementale.

EXEMPLES DE FORMATIONS PERTINENTES ●
• DEC en technologie du génie industriel
• Baccalauréat en ingénierie
• Baccalauréat en droit
• Diplôme de deuxième cycle en gestion de l'environnement
• Microprogramme de deuxième cycle en vérification environnementale

VULGARISATRICE SCIENTIFIQUE EN ENVIRONNEMENT
dans un musée naturel

MILIEUX DE TRAVAIL POTENTIELS

Musées

Secteur public
(dont les
établissements
d'enseignement)

MON TRAVAIL

Vulgarisatrice scientifique en environnement, Dominique Young conçoit et anime des activités éducatives au Biodôme de Montréal. Lorsqu'elle accueille des enfants de la maternelle, par exemple, elle se déguise en un personnage nommé Rayon de Soleil pour les guider dans les différents écosystèmes du musée et leur faire découvrir les animaux de la planète. Les petits qui ne savent pas lire doivent repérer, dans la nature recréée au Biodôme, les animaux qui correspondent aux images qu'on leur remet. «Cette activité vise l'éveil et l'observation de la nature de même que le travail de coopération, car ils sont en équipe!»

Dominique développe ses projets de A à Z. «J'imagine l'approche du sujet : une histoire, des expérimentations, par exemple. Puis, je détermine mes besoins de costumes et d'accessoires.» *Eco Mondo* compte parmi ses plus belles réalisations. Cette exposition visant à explorer les liens entre la santé des écosystèmes et la santé humaine a été créée au Biodôme en 2004, avant d'être présentée à travers le pays. «J'ai conçu une formule interactive où l'on devait entrevoir des solutions aux problèmes de pollution soulevés dans cinq pays. On y voyait notamment la Chine confrontée à la pollution industrielle des eaux, l'Équateur où les pesticides sont utilisés dans la culture de la pomme de terre et le Bénin où il n'y a pas de collecte des ordures. Devant un panneau, les visiteurs devaient choisir la solution privilégiée pour corriger cette pollution et valider leur réponse en ouvrant une porte.»

MA MOTIVATION

La vulgarisation scientifique est un défi constant, mais très stimulant pour Dominique. «Je dois toujours me mettre à la place des gens à qui je m'adresse, qu'il s'agisse d'un enfant d'âge préscolaire ou d'un nouvel immigrant. Par exemple, avec des groupes qui viennent apprendre le français, j'emploie un vocabulaire simple et j'utilise beaucoup d'images.» Respecter les échéanciers de conception de ses ateliers représente un autre défi. Dominique sait bien planifier son travail et essaie de prendre le plus d'avance possible pour ne pas être prise au dépourvu. «Il peut arriver que je doive remplacer au pied levé un autre animateur malade.»

MON PARCOURS

Dominique est titulaire d'un baccalauréat en biologie obtenu à l'Université Concordia et d'un certificat en traduction de l'Université McGill. Avant de décrocher son poste au Biodôme, elle animait des ateliers scientifiques dans les écoles primaires de la région de Montréal. Elle est aussi l'auteure d'un manuel scolaire sur les sciences pour les élèves du préscolaire : *Explorations et découvertes* (Éd. Les Scientifiques nomades, 1989).

MON CONSEIL

Selon Dominique, le bénévolat est un bon moyen pour tester ses aptitudes pour un domaine. «Parallèlement à mes études, j'ai œuvré comme traductrice et animatrice bénévole dans un musée. Cela m'a permis de gagner de l'assurance et de développer des compétences qui me servent dans mon métier.» 07/05

● EXEMPLES DE FORMATIONS PERTINENTES

• Programme court de 2e cycle en éducation relative à l'environnement

• Maîtrise en sciences de l'environnement

Les mots en caractères **gras** sont définis dans le glossaire (p. 100 à 102).

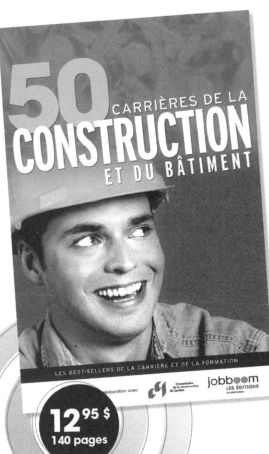

Glossaire

Note de l'éditeur : Ces définitions sont principalement tirées du *Grand dictionnaire terminologique* de l'Office québécois de la langue française (www.granddictionnaire.com). Au besoin, certaines définitions ont été complétées par des sources spécialisées comme le *Dictionnaire encyclopédique de l'écologie et des sciences de l'environnement*, le *Dictionnaire des sciences de l'environnement* et les sites d'Environnement Canada et du ministère du Développement durable, de l'Environnement et des Parcs.

Ⓐ Adduction : Action de dériver ou de conduire les eaux d'un lieu vers un autre.

Anémomètre à fil chaud : Appareil de mesure de la vitesse de l'air basé sur la perte de chaleur d'un fil chauffé.

Assainissement : Ensemble des mesures prises pour faire disparaître les causes de pollution et satisfaire aux exigences de l'hygiène publique et de la protection de l'environnement.

Audit : Opération de diagnostic qui porte sur une activité particulière ou sur la situation d'une organisation, réalisée au moyen d'études, d'examens systématiques et de vérifications dont les résultats sont jugés en toute indépendance, et qui sert à émettre un avis ou à proposer des mesures correctives durables. Dans l'application des normes internationales telles les normes de l'ISO, l'audit sert d'instrument de vérification et d'évaluation de la conformité.

Automate programmable : Dispositif programmable, à base de microprocesseurs, destiné au contrôle d'automatismes industriels.

Ⓑ Bassin versant : Territoire dont les eaux se déversent vers un lieu donné : cours d'eau, lac, ouvrage artificiel, etc.

Berges : Synonyme de rive; bande de terre qui borde un cours d'eau.

Béryllium : Métal de couleur grise entrant dans la composition de nombreux silicates.

Bois d'œuvre : Bois destiné à être travaillé et apte au sciage, au déroulage ou au tranchage.

BPC : Abréviation de «biphényle polychloré». Famille d'hydrocarbures chlorés qui comprend théoriquement plus de 200 composés.

Ⓒ Caractérisation : Création d'un profil qui décrit les caractéristiques d'un territoire. Étude d'un terrain ou d'un plan d'eau en vue d'y définir les contaminants et leur quantité.

Carottier : Appareil servant à faire des sondages et à prélever en épaisseur des échantillons de sédiment meuble (ou carottes) dans le fond des océans.

Chromatographe : Appareil permettant l'analyse chimique des constituants d'un mélange par absorption sélective des constituants du mélange, ou par partage en présence de phases liquides ou gazeuses.

Coliformes : Se dit de certaines bactéries présentes dans le côlon, dont la recherche dans l'eau et le dénombrement permettent d'évaluer la contamination fécale. La présence excessive de coliformes est un indice de la pollution de l'eau.

Collecte sélective : Collecte des déchets (domestiques et industriels) qui implique leur tri en fonction de la matière qui les compose.

Ⓓ Devis : Document contractuel à caractère technique qui consiste en une description détaillée de l'ensemble d'un travail de bâtiment; il comporte tous les renseignements qui ne peuvent être portés sur les plans et définit l'objet, la nature, l'importance, le choix des matériaux et les conditions de mise en œuvre d'un projet de construction.

Diffuseur d'air : Appareil qui distribue dans un local l'air provenant du conduit d'alimentation et qui assure un mélange rapide avec l'air du local.

Ⓔ Eaux de ruissellement : Phénomène hydrogéologique par lequel les pluies s'écoulent à la surface des sols.

Écotoxicologie : Étude scientifique de l'incidence des substances chimiques sur l'environnement.

Éditorialiste : Personne qui rédige les éditoriaux d'un journal, soit les textes qui expriment la position de la direction.

Enrochement : Technique qui consiste à entasser des pierres sous l'eau pour protéger une berge contre l'érosion.

Entérocoque : Bactérie ayant comme habitat naturel le tube digestif de l'homme et des animaux.

Épidémiologie : Discipline dont l'objet est l'étude des caractères propres aux épidémies, à leur distribution et à leur évolution, ainsi que l'étude des facteurs qui sont à l'origine de l'apparition de la maladie.

Érosion : Usure lente résultant de l'action de l'eau ou de la dégradation des roches.

Étude d'impact : Étude destinée à exposer systématiquement les conséquences d'un aménagement (route, usine, etc.) sur l'environnement (flore, faune, écosystème, etc.).

Excaver / excavation : Action de creuser dans le sol.

F Forage : Ensemble des opérations qui consistent à pénétrer dans le sous-sol à l'aide d'outils appropriés, soit pour des études géologiques, soit pour l'extraction des fluides contenus dans les terrains traversés.

Frayère : Lieu où les poissons fraient, déposent leurs œufs.

G Gaz à effet de serre : Gaz qui absorbent et emprisonnent la chaleur dans l'atmosphère et qui entraînent le réchauffement de la planète. Certains sont présents naturellement dans l'atmosphère, tandis que d'autres découlent d'activités humaines. Parmi les gaz à effet de serre, on trouve le dioxyde de carbone (CO_2), la vapeur d'eau, le méthane, l'oxyde nitreux, l'ozone, les chlorofluoro-carbones, les hydrofluorocarbones et les perfluorocarbones.

Gestion par bassin versant : Selon la Politique nationale de l'eau du Québec, le bassin versant constitue l'unité de la gestion des plans d'eau. Cette approche est fondée sur des connaissances scientifiques relatives à l'eau et s'appuie sur la concertation d'un ensemble d'acteurs : municipalités, groupes de citoyens, usagers du bassin versant, ministères ou organismes gouvernementaux.

H Hydrocarbure : Composé organique constitué d'atomes de carbone et d'hydrogène. On le trouve dans la nature sous forme de pétrole brut ou de gaz naturel et on peut le synthétiser à partir du charbon ou de déchets biologiques.

I Inventaire : Activité qui consiste à nommer et à dénombrer les éléments environnementaux d'un territoire donné.

Isocyanate : Nom générique des sels et esters de formule C6H5-N=C=O, des composés organiques présents notamment dans la peinture.

J Jurisprudence : Ensemble des décisions d'un tribunal; manière dont un tribunal juge habituellement une question.

M Marais : Nappe d'eau stagnante de faible profondeur, envahie par la végétation aquatique.

Marécage : Terre basse constituée d'habitats humides où l'écoulement de l'eau est très lent. Le marécage diffère du marais par la présence d'arbustes.

Matières résiduelles : Tout résidu d'un processus de production, de transformation ou d'utilisation, toute substance, matériau ou produit ou plus généralement tout bien meuble abandonné ou que le détenteur destine à l'abandon.

Milieux cynégétiques : Qui se rapportent à la chasse.

Milieux halieutiques : Qui concernent la pêche en mer.

Milieux humides : Zone de transition entre les écosystèmes franchement aquatiques et les écosystèmes purement terrestres.

Milieux naturels : Ensemble des caractéris-tiques biologiques et physiques qui régissent l'existence des organismes vivants.

Mycorhize : Association symbiotique entre un champignon et les racines d'une plante.

N Nappe phréatique : Nappe d'eau souterraine généralement peu profonde et alimentant les puits et les sources.

Glossaire (suite)

Norme ISO 14001 : Système de gestion environnementale visant à aider les entreprises à élaborer des lignes de conduite qui tiennent compte des exigences légales et réglementaires et des données relatives aux impacts environnementaux importants.

O OGM (pour organismes génétiquement modifiés) : Organismes modifiés auxquels on a transféré un ou plusieurs gènes étrangers, c'est-à-dire appartenant à une autre espèce.

P pH : Mesure de l'acidité ou de l'alcalinité d'un milieu.

Plan de développement durable du Québec : Entre février et mai 2005, le ministre du Développement durable, de l'Environnement et des Parcs, M. Thomas J. Mulcair, a mené une tournée de consultation publique à l'échelle de la province concernant le Plan de développement durable du Québec, lequel a été proposé le 25 novembre 2004. Cette démarche a pour but de faire adopter une loi sur le développement durable à l'automne 2005. Tel que défini par l'Union internationale pour la conservation de la nature, le développement durable «répond aux besoins du présent sans compromettre la capacité des générations futures de répondre aux leurs».

Politique nationale de l'eau : À l'automne 2002, le gouvernement du Québec s'est doté de sa première politique de l'eau. Les objectifs poursuivis sont la protection de cette ressource, la gestion de l'eau par bassin versant dans une perspective de développement durable et l'amélioration de la protection de la santé publique et de celle des écosystèmes.

Polyéthylène : Matière plastique obtenue par la polymérisation de l'éthylène, un solide translucide.

Prévisionniste : Spécialiste qui étudie les phénomènes atmosphériques en vue de prédire le temps.

Protocole de Kyoto : Document signé en 1997 par environ 180 pays à Kyoto, au Japon, selon lequel 38 pays industrialisés s'engagent à réduire leurs émissions de gaz à effet de serre entre 2008 et 2012 à des niveaux inférieurs de 5,2 % à ceux de 1990.

R Réhabilitation des sols : Ensemble des opérations de restauration d'un milieu dégradé.

S Sédiment : Couche de matériaux provenant de n'importe quelle source, roche, matière organique ou volcanique, et transportés par l'eau depuis le lieu d'origine jusqu'au lieu de dépôt.

Servitude de conservation : Restriction de droit de propriété régie par une entente légale selon laquelle le propriétaire d'un terrain renonce à certaines activités qui pourraient être préjudiciables au caractère naturel d'une zone définie.

Smog : Mot anglais qui signifie «brouillard» et utilisé pour désigner une pollution étendue de l'atmosphère par des particules en suspension, due en partie à des phénomènes naturels et en partie aux activités humaines.

Socle rocheux : Masse rocheuse sur laquelle reposent des sédiments meubles ou peu consolidés.

Solvants chlorés : Corps inflammables composés de chlore et qui peuvent dissoudre d'autres corps. On s'en sert, par exemple, comme nettoyant dans le cadre de procédés industriels.

Spectromètre de masse : Appareil permettant de fragmenter les grosses molécules en ions ou en radicaux afin d'identifier selon leurs poids la molécule mère.

Sphaigne : Mousse des marais, dont la décomposition est à l'origine de la formation de la tourbe.

Stéréoscopie : Procédé donnant l'impression de relief à partir d'un couple d'images enregistrées aux deux extrémités d'une base.

Stérilisation : Ensemble de moyens mis en œuvre tendant à obtenir l'absence de micro-organisme ou, en pratique, l'abaissement du degré de contamination à un niveau acceptable.

Sylvicole : Qui se rapporte à la sylviculture : ensemble des règles et des techniques qui permettent la culture, l'entretien et l'exploitation d'une forêt.

T Tourbière : Formation végétale en terrain humide, résultant de l'accumulation de matières organiques partiellement décomposées. ◉

ACCR⊚
AU MAGAZINE JOBBOOM?
VOICI UNE OFFRE QUE VOUS NE POURREZ REFUSER!

Recevez votre magazine à la maison.

- **1 an**
- **10 numéros**
- **29,95 $***

Pour vous abonner :
www.jobboom.com/abonnement

Répertoire des principales formations

Ce répertoire, préparé en collaboration avec le Comité sectoriel de main-d'œuvre de l'environnement (CSMOE), présente les principales formations offertes au Québec qui peuvent mener à une carrière en environnement. **Attention** : cette liste était à jour en juin 2005. Des programmes ont pu être retirés ou ajoutés depuis.

Sous **Formation professionnelle,** nous vous présentons des programmes qui visent l'obtention d'un diplôme d'études professionnelles (DEP).

Sous **Formation collégiale,** vous trouverez les programmes qui mènent à l'obtention d'un diplôme d'études collégiales en formation technique (DEC). Certaines attestations d'études collégiales (AEC) permettent aussi d'accéder à des carrières dans le domaine de l'environnement. Étant donné le caractère non permanent de ces formations, il est difficile de les répertorier de façon fiable. Pour en savoir plus, contactez les établissements qui vous intéressent.

Enfin, la rubrique **Formation universitaire** présente des programmes menant à un baccalauréat ou à un diplôme de deuxième ou de troisième cycle.

De plus amples renseignements concernant ces programmes d'études peuvent être obtenus dans le site du CSMOE, à l'adresse suivante : www.csmoe.org/formation_emploi/Prog_etudes/index.html.

Remarque : ce répertoire inclut des programmes d'études dans des domaines plus généraux, comme la chimie, le droit ou l'administration des affaires, qui peuvent mener à des emplois très variés, dont certains sont liés à l'environnement.

FORMATION PROFESSIONNELLE

- Aménagement de la forêt (DEP)
- Conduite de procédés de traitement de l'eau (DEP)
- Protection et exploitation des territoires fauniques (DEP)

FORMATION COLLÉGIALE

- Assainissement de l'eau (DEC)
- Environnement, hygiène et sécurité au travail (DEC)
- Géologie appliquée (DEC)
- Gestion et exploitation d'entreprise agricole (DEC)
- Techniques d'aménagement cynégétique et halieutique (DEC)
- Techniques d'aménagement et d'urbanisme (DEC)
- Techniques d'écologie appliquée (DEC)
- Techniques d'intervention en loisir (DEC)
- Techniques d'inventaire et de recherche en biologie (DEC)
- Techniques de génie chimique (DEC)
- Techniques de laboratoire (DEC)
- Techniques de tourisme (DEC)
- Techniques du milieu naturel – profil aménagement de la faune (DEC)
- Techniques du milieu naturel – profil aménagement de la ressource forestière (DEC)
- Techniques du milieu naturel – profil aménagement et interprétation du patrimoine naturel (DEC)
- Techniques du milieu naturel – profil protection de l'environnement (DEC)
- Techniques du tourisme d'aventure (DEC)
- Technologie de la mécanique du bâtiment (DEC)
- Technologie de la production horticole et de l'environnement – profil environnement (DEC)
- Technologie de la transformation des aliments (DEC)
- Technologie du génie civil (DEC)
- Technologie du génie industriel (DEC)
- Technologie forestière (DEC)

☯ FORMATION UNIVERSITAIRE

Premier cycle

- Administration des affaires (Bac)
- *Agricultural Economics (Major)*
- Agronomie (Bac)
- Aménagement et environnement forestiers (Bac)
- Architecture (Bac)
- Biochimie (Bac)
- Biologie (Bac)
- Chimie (Bac)
- Communication – profil relations publiques (Bac)
- Communication (Bac)
- Design de l'environnement (Bac)
- Droit (Bac)
- *Ecological Agriculture (Certificate)*
- *Ecological Agriculture (Minor)*
- Écologie (Certificat)
- Économie (Bac)
- *Environment (Bachelor of Arts)*
- *Environment (Bachelor of Science)*
- *Environment (Diploma)*
- *Environment (Minor)*
- *Environmental Biology (Major)*
- *Environmental Engineering (Minor)*
- *Environmental Geography (Bachelor of Arts)*
- *Environmental Geography (Bachelor of Science)*
- Génie agroenvironnemental (Bac)
- Génie chimique – profil environnement (Bac)[1]
- Génie chimique – profil génie biochimique et génie environnemental (Bac)[2]
- Génie civil – profil environnement et ressources hydriques (Bac)[2]
- Génie civil – profil génie de l'environnement (Bac)[3]
- Génie civil – profil systèmes urbains et environnement (Bac)[1]
- Génie du bois (Bac)
- Génie géologique (Bac)
- Génie industriel (Bac)
- Génie mécanique (Bac)
- Géographie (Bac)
- Géographie environnementale (Bac)
- Géologie (Bac)
- Gestion du tourisme et de l'hôtellerie (Bac)
- Ingénierie (Bac)
- Loisir, culture et tourisme (Bac)
- Mathématiques avec concentration en météorologie (Bac)[4]
- Microbiologie (Bac)
- Physique (Bac)
- *Resource Conservation (Major)*
- Santé et sécurité au travail (Certificat)
- Sciences de l'environnement (Certificat)
- Sciences et technologie des aliments (Bac)
- Sociologie (Bac)
- Statistique (Bac)
- Urbanisme (Bac)

1. Concentration offerte à l'École Polytechnique : www.polymtl.ca
2. Concentration offerte à l'Université Laval : www.ulaval.ca
3. Concentration offerte à l'Université de Sherbrooke : www.usherbrooke.ca
4. Concentration offerte à l'Université du Québec à Montréal : www.uqam.ca

Répertoire des principales formations (suite)

FORMATION UNIVERSITAIRE (SUITE)

Deuxième cycle

- Biochimie (Maîtrise)
- Biologie (Maîtrise)
- Chimie (Maîtrise)
- Éco-conseil (DESS)
- Écologie (Diplôme de deuxième cycle)
- Éducation relative à l'environnement (Programme court)[1]
- *Environmental Engineering (Graduate level diploma)*
- Environnement (Maîtrise)
- Environnement et prévention (DESS)[5]
- Épidémiologie (Maîtrise)
- Exploration et gestion des ressources non renouvelables (DESS international)[1]
- Génie chimique – environnement et développement durable (DESS)[2]
- Génie chimique – environnement et développement durable (Maîtrise)[2]
- Génie chimique – orientation génie environnemental (Maîtrise)[3]
- Génie civil – concentration environnement (DESS)[2]
- Génie civil – concentration technologies environnementales (Maîtrise)[3]
- Génie civil – orientation environnement (Maîtrise)[2]
- Gestion de l'environnement (Diplôme de deuxième cycle)[4]
- Gestion de la faune (Diplôme de deuxième cycle)
- Gestion de la faune et de ses habitats (Maîtrise)
- Gestion des risques : sécurité civile et environnement (Microprogramme)[4]
- Gestion durable des ressources forestières (DESS)
- Gestion urbaine pour les pays en développement (DESS)[5]
- Météorologie (DESS)[1]
- Microbiologie (Maîtrise)
- Océanographie (Maîtrise)
- Ressources renouvelables (Maîtrise)
- Santé environnementale et santé au travail (Microprogramme)[5]
- Santé-sécurité-environnement (Microprogramme)[4]
- Sciences de l'atmosphère (Maîtrise)
- Sciences de l'environnement (Maîtrise)
- Sciences de la Terre (Maîtrise)
- Sciences économiques (Maîtrise)
- Sols et environnement (Maîtrise)
- Santé environnementale et santé au travail (Maîtrise)
- Territoires et environnement (DESS)[5]
- Toxicologie (DESS)
- Urbanisme (Maîtrise)
- Vérification environnementale (Microprogramme)[4]

1. Programme offert à l'Université du Québec à Montréal : www.uqam.ca
2. Concentration offerte à l'École Polytechnique : www.polymtl.ca
3. Concentration offerte à l'Université Laval : www.ulaval.ca
4. Microprogramme ou diplôme offert par le Centre universitaire de formation en environnement de l'Université de Sherbrooke : http://www.usherbrooke.ca/environnement/index.html
5. Programme offert à l'Université de Montréal : www.umontreal.ca

FORMATION UNIVERSITAIRE (SUITE)

Troisième cycle

- Génie chimique – orientation environnement et développement durable (Doctorat)[1]
- Génie chimique – orientation génie environnemental (Doctorat)[2]
- Génie chimique – orientation interdisciplinaire en environnement[3]
- Génie civil – orientation assainissement et environnement (Doctorat)[2]
- Génie civil – orientation environnement (Doctorat)[1]
- Génie civil – orientation transports (Doctorat)[1]
- Océanographie (Doctorat)
- Sciences de l'environnement (Doctorat)
- Sciences de la Terre (Doctorat)
- Sols et environnement (Doctorat)

1. Concentration offerte à l'École Polytechnique : www.polymtl.ca
2. Concentration offerte à l'Université Laval : www.ulaval.ca
3. Concentration offerte à l'Université de Sherbrooke : www.usherbrooke.ca

FORMATION SUR MESURE POUR PROFESSIONNELS

Le Centre universitaire de formation en environnement de l'Université de Sherbrooke offre des formations qui permettent de déposer une demande d'agrément auprès de l'Association québécoise de vérification environnementale :

- Formation intensive en vérification environnementale
- Formation intensive en évaluation environnementale de site

COMMENT SAVOIR OÙ EST OFFERT UN PROGRAMME D'ÉTUDES?

La formation professionnelle et technique

Vous pouvez consulter le site Internet spécialisé en formation professionnelle et technique du ministère de l'Éducation, du Loisir et du Sport du Québec à l'adresse suivante : www.inforoutefpt.org.

Pour trouver un programme, faites une recherche par secteur de formation ou par mot clé. Vous trouverez ainsi une description des programmes qui vous intéressent, la liste des établissements où ils sont offerts ainsi que plusieurs autres renseignements utiles.

La formation universitaire

Pour savoir où sont offerts les programmes universitaires mentionnés dans ce guide, vous pouvez consulter le Répertoire des universités canadiennes à l'adresse suivante : http://oraweb.aucc.ca/showdcu_f.html.

Pour obtenir une information juste et à jour, consultez les sites Internet des universités qui vous intéressent. Vous y trouverez des renseignements sur les programmes d'études et de stages, les modalités d'inscription, les cours offerts et la vie étudiante.

La plupart des voies de spécialisation des programmes généraux (par exemple, la concentration en génie environnemental d'une maîtrise en génie chimique) ne figurent cependant pas dans le Répertoire des universités canadiennes, pas plus que les microprogrammes. Nous avons donc précisé les noms et les adresses Internet des établissements qui offrent ces options, le cas échéant.

Répertoire des principaux organismes et ressources professionnelles

DÉVELOPPEMENT DE LA MAIN-D'ŒUVRE

Comité sectoriel de main-d'œuvre de l'environnement
Téléphone : (514) 987-6683
Courriel : contact@csmoe.org
Site Internet : www.csmoe.org

Organisation pour les carrières en environnement (ECO Canada)
Téléphone : 1 800 890-1924
Courriel : info@eco.ca
Site Internet : www.eco.ca

RESSOURCES PROFESSIONNELLES

Association canadienne des industries du recyclage
Téléphone : (905) 426-9313 (Ajax, Ontario)
Site Internet : www.cari-acir.org

Association canadienne des laboratoires d'analyse environnementale
Téléphone : (613) 233-5300 (Ottawa, Ontario)
Site Internet : www.caeal.ca

Association des biologistes du Québec
Téléphone : (514) 279-7115
Courriel : abq@qc.aira.com
Site Internet : www.abq.qc.ca

Association des conseillers en agroenvironnement du Québec
Téléphone : (450) 427-3000, poste 24
Courriel : president@acaq.org
Site Internet : www.acaq.org

Association professionnelle des géographes du Québec
Téléphone : (514) 987-3000, poste 2583
Courriel : apgq@uqam.ca
Site Internet : apgq.qc.ca

Association québécoise d'urbanisme
Téléphone : (514) 277-0228
Courriel : info@aqu.qc.ca
Site Internet : www.aqu.qc.ca

Association québécoise pour la promotion de l'éducation relative à l'environnement
Téléphone : (514) 376-1065
Courriel : aqpere@crosemont.qc.ca
Site Internet : www.aqpere.qc.ca

Barreau du Québec
Téléphone : (514) 954-3400
ou 1 800 361-8495
Courriel : information@barreau.qc.ca
Site Internet : www.barreau.qc.ca

Carrefour BLE
Téléphone : (514) 279-3669
Courriel : admin@carrefourble.qc.ca
Site Internet : www.carrefourble.qc.ca

Clubs-conseils en agroenvironnement
Téléphone : (450) 679-0540
Courriel : coordination@clubsconseils.org
Site Internet : www.clubsconseils.org

Ordre des chimistes du Québec
Téléphone : (514) 844-3644
Courriel : information@ocq.qc.ca
Site Internet : www.ocq.qc.ca/fr

Ordre des géologues du Québec
Téléphone : (514) 278-6220
ou 1 888 377-7708
Courriel : info@ogq.qc.ca
Site Internet : www.ogq.qc.ca

Ordre des ingénieurs forestiers du Québec
Téléphone : (418) 650-2411
Courriel : oifq@oifq.com
Site Internet : www.oifq.com

Ordre des technologues professionnels du Québec
Téléphone : (514) 845-3247
ou 1 800 561-3459
Courriel : info@otpq.qc.ca
Site Internet : www.otpq.qc.ca

Ordre des urbanistes du Québec
Téléphone : (514) 849-1177
Courriel : info@ouq.qc.ca
Site Internet : www.ouq.qc.ca

Ordre professionnel des ingénieurs du Québec
Téléphone : (514) 845-6141
ou 1 800 461-6141
Site Internet : www.oiq.qc.ca/fr_index.html

ORGANISMES CLÉS ACCESSIBLES DANS INTERNET

Instances gouvernementales

Agence canadienne d'évaluation environnementale
www.acee-ceaa.gc.ca

Agence de l'efficacité énergétique du Québec
www.aee.gouv.qc.ca/index.jsp

Bureau d'audiences publiques sur l'environnement du Québec (BAPE)
www.bape.gouv.qc.ca

Conseil de recherches en sciences naturelles et en génie du Canada
www.crsng.gc.ca/indexfr.htm

Enviro-Accès
www.enviroaccess.ca/index.html

Environnement Canada
www.ec.gc.ca

Institut national de santé publique du Québec
www.inspq.qc.ca/domaines/Environnement
Toxicologie/default.asp?D=3

Ministère du Développement durable, de l'Environnement et des Parcs du Québec
www.mddep.gouv.qc.ca

Ministère des Ressources naturelles et de la Faune du Québec
www.mrn.gouv.qc.ca

Office de l'efficacité énergétique
http://oee.rncan.gc.ca

Pêches et Océans Canada
www.dfo-mpo.gc.ca

Ressources naturelles Canada
www.nrcan-rncan.gc.ca/inter/index.html

Service météorologique du Canada
http://weatheroffice.ec.gc.ca/contents_f.html

Associations et organismes généralistes

Écoroute
http://ecoroute.uqcn.qc.ca

Équiterre
www.equiterre.org

Greenpeace Canada
www.greenpeace.ca

Fonds québécois pour la recherche sur la nature et les technologies
www.fcar.qc.ca

ICI Environnement
www.unites.uqam.ca/devsav/ici/fr.htm

Réseau environnement
www.reseau-environnement.com/RENV/ui/user/index.jsp

Union québécoise pour la conservation de la nature
http://uqcn.qc.ca

Changements climatiques

Agir contre les changements climatiques
www.climatechange.gc.ca

Fondation canadienne pour les sciences du climat et de l'atmosphère
www.cfcas.org

Développement durable

Fonds d'investissement en développement durable
www.fidd.qc.ca

Technologies du développement durable Canada
www.sdtc.ca

Droit de l'environnement

Institut canadien du droit et de la politique de l'environnement
www.cielap.org

Eaux potables et usées

Association canadienne des eaux potables et usées
www.cwwa.ca

Eau secours! – Coalition québécoise pour une gestion responsable de l'eau
www.eausecours.org

Secrétariat international de l'eau
www.i-s-w.org

Faune et flore

Fondation de la faune du Québec
www.fondationdelafaune.qc.ca

Fédération canadienne de la faune
www.cwf-fcf.org

Habitat faunique du Canada
www.whc.org

Matières résiduelles et recyclage

Centre d'expertise sur les matières résiduelles
www.cemr.ca/reception.html

Collecte sélective Québec
www.coselective.qc.ca

Recyc-Québec
www.recyc-quebec.gouv.qc.ca/client/fr/accueil.asp

Des professions et des témoignages
Index par ordre alphabétique

50 carrières de l'environnement
Remerciements

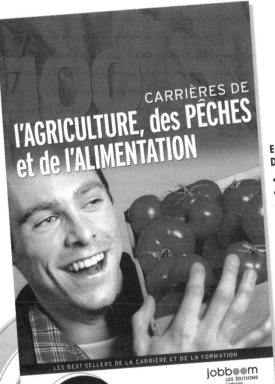

50 carrières de l'environnement

Rédaction

Directrice, recherche et rédaction
Christine Lanthier

Rédactrices en chef
Julie Gobeil (répertoires) • Christine Lanthier (dossiers) • Julie Leduc (portraits)

Collaborateurs
Guylaine Boucher • Marie-Claude Dion • Stéphane Gagné • Séverine Galus • Anne Girard • Claudia Larochelle • Jean-Sébastien Marsan • Kareen Quesada • Denise Proulx • Marie-Hélène Proulx

Recherchistes
Véronik Carrier

Secrétaire à la rédaction
Stéphane Plante

Réviseure
Johanne Girard

Soutien au contenu, Comité sectoriel de l'environnement
Rachid Baïou • Véronique Blosseville • Marie-Eve Marchand • Ghyslaine Marcotte • Robert Ouellet

Production

Coordonnatrice de la production
Nathalie Renauld

Conception de la grille graphique
Mélanie Dubuc

Conception de la page couverture
Mélanie Dubuc • Marie-Anne Duplessis Campeau

Infographie
Gestion d'impression Gagné inc.

Distribution
Mélanie Larivée

Ventes publicitaires

Directrice des ventes, produits imprimés
Carole Dallaire

Représentants
Jean-Philippe Doucet • Christophe Verhelst

Date de publication
Novembre 2005

Dépôt légal
Bibliothèque nationale du Québec
ISBN : 2-89582-073-2

Bibliothèque nationale du Canada
ISSN : 1715-0108

50 carrières de l'environnement est publié par les Éditions Jobboom, une division de Jobboom, membre du réseau Canoë.

Le genre masculin est utilisé au sens neutre et désigne aussi bien les femmes que les hommes. Les articles de cette publication ne peuvent être reproduits sans l'autorisation des éditeurs.

Les opinions exprimées dans cette publication ne sont pas nécessairement partagées par les éditeurs et les commanditaires.

Jobboom

Président
Bruno Leclaire

Vice-président Production & Diffusion
Marcel Sanscartier

Vice-présidente Produits Web
Élisabeth Fortin

Vice-présidente Ventes
Julie Phaneuf

Directrice générale Contenus Jobboom
Patricia Richard

300, rue Viger Est
7e étage
Montréal (QC) H2X 3W4
Téléphone : (514) 871-0222
Télécopieur : (514) 890-1456
www.jobboom.com